니홍고 데끼르 데끼르

일본어가 어려운 그대에게
~일본어에 닿기를~

지종익 지음

위즈덤하우스

무작정 단어부터 쓰고 외웠나요?
이 책은 읽어보기만 하세요

이 책을 쓰는 동안 저는 '사츠마와리'였습니다. 정확히 말하면
직업은 기자인데 그중에서 맡은 업무가 사츠마와리인 거죠.
드라마를 통해 들어본 분도 있을 겁니다. '사츠'는 일본어로
'경찰'을 뜻하는 '케-사츠'의 줄임말입니다. '마와리'는 '돌다'
는 뜻이고요. 경찰을 도는 기자, 즉 사건사고를 담당하며 경찰
을 취재하는 기자들을 일컫는 언론계 은어입니다. 언론사에
입사하면 신입 시절에는 반드시 사츠마와리를 거치게 돼 있
습니다. 가장 혹독한 시간이지요. 한 후배는 "사슴처럼 순수한
신입들이 밤새도록 경찰서를 도는 게 너무 가여워서 '사슴앓
이'라고 부르는 줄 알았다"며 웃지 못할 농담을 하더군요.

　무슨 말을 하려는 건지 벌써 눈치를 채셨나요? 제 직업 이
야기를 조금만 더 해보겠습니다.

　매일 뉴스를 만들어야 하다 보니 하루에 한 번 반드시 '시
메끼리'가 있습니다. 요즘은 데드라인도 많이 사용하지만 시
메끼리는 여전히 익숙한 표현입니다. 그렇게 시간에 쫓기는

삶 속에서도 늘 '독고다이'를 찾아 헤매지요. 2차대전 당시 일본군의 특수 공격부대 독고다이를 어쩌다가 21세기 한국의 언론사에서 외치고 있는 걸까요? 날밤을 새도 눈에서 불이 꺼지지 않는 사츠마와리들 간의 치열한 경쟁에서 살아남으려면 단독 기사를 쓸 수밖에 없는 겁니다. 하리꼬미 없이는 독고다이도 없습니다. '잠복'이라는 뜻인데 내부적으로는 '뻗치기'라고도 하지요.

제가 일본어를 공부한 시간은 그리 길지 않습니다. 10년이 조금 넘었지요. 출근하기 전에 학원에서 잠깐 강의를 듣고, 밤에는 휴식을 취하며 재미있어 보이는 일드를 찾아본 게 그 시작이었습니다. 그러다 가끔 뉴스를 챙겨 보게 됐고, 어쩌다 일본인 친구들을 만나게 되면 말을 붙여봤습니다. 일본어에 관심을 갖다 보니 우리말 속 일본어가 하나둘 들리기 시작했지요. 당장 제 일터에서부터 참 많았습니다. 의미가 조금 다르기는 했지만 현지에서의 뜻과 크게 다르지는 않더군요.

그렇게 공짜로 얻어지는 일본어가 우리 생활 속에 무척 많습니다. 공짜는 아닌 것 같다고요? 오라이, 빠꾸, 코붕 등의 뜻을 새삼 확인했다고 해서 노력을 했다고 말할 수는 없을 것 같습니다.

다음 단계도 어렵지 않습니다. '이 정도면 사실 발음이 같은

거 아니야?' 이런 생각이 들 정도의 단어들이 눈에 들어왔습니다. 무리(無理)는 '무리'고 팡은 '빵'이라니요.

익숙한 영어 단어들은 재미있기까지 합니다. 도링크, 데자-토 같은 단어를 굳이 외울 필요가 있을까요?

이런 단어들을 조금만 알면 문장을 만드는 게 어렵지 않습니다. 영어나 중국어처럼 어순이나 문장 구조를 생각하며 더듬더듬 말할 필요가 없는 게 바로 일본어지요. 문법이 조금 틀리더라도 말을 만들기 어렵지 않습니다. '일본어는 아직 무리입니다'는 '니홍고와 마다 무리데스'라고 하면 되지요. '사진 좀 찍어주세요' 하고 싶으면 '샤신 오네가이시마스'로 충분합니다.

이 정도면 조금은 아깝다는 생각이 들지 않나요? 시작도 하기 전인데 이미 출발선을 저만치 지나온 거나 마찬가지잖아요. 일본어는 비교적 쉬운 상대이고, 일본어 학습은 분명히 유리한 싸움입니다. 학습이라고는 했지만 이 책을 보면서 공부를 한다고 압박감을 느낄 필요는 없습니다. 재미를 느끼는 게 중요하지요. 어떻게 하면 일본어에 재미를 붙일 수 있을까? 그 답을 찾아가는 과정을 여러분과 공유하고 싶었습니다.

이 책은 히라가나를 몰라도 볼 수 있습니다. 재미를 느끼기도 전에 지칠 필요는 없겠죠? 일본어는 쉽고 흥미롭다는 것부터 말하고자 했습니다. 그렇다고 이 책과 함께하는 게 시간 낭비가 아닐지 걱정할 필요는 없습니다. 그동안 일본어는 저절로 익숙해질 겁니다. 일본어를 전혀 모르는 사람도 책장이 술술 넘어가도록 까다로운 문법 이야기도 생략했습니다. 대신 그 자리에는 일본의 역사, 문화, 단어 유래 같은 읽을거리를 채워 넣었습니다. 문법 하나 더 아는 것보다는 '일본'을 이야기하는 게 지름길인 건 틀림없을 테니까요.

『데끼르 데끼르 니홍고』는 2017년 독립출판물로 첫 선을 보였습니다. 많은 분들의 관심에 힘입어 정식 출판을 하게 됐는데요. 이전의 콘텐츠를 보완·수정하고 부족한 내용을 더욱 풍부하게 채워 넣어 일본어를 시작하는 분들께 더 많은 도움을 드리고자 했습니다. 부디 쉽고, 재미있게, 지치지 않고 일본어를 익히시길 바랍니다.

이케 짱 지종익

『데끼르 데끼르 니홍고』 이렇게 활용하세요

1. 히라가나보다 우리말로 먼저 감을 잡으세요

일본어 공부를 시작했다, 하면 대부분 히라가나·카타카나부터 외울 겁니다. 그런데 히라가나를 몰라도 우리는 많은 일본어를 알고 있다는 거, 느끼셨나요? 가오, 곤조, 땡땡이, 시마이… 이 단어들이 일본어가 아니면 뭘까요? 히라가나조차 몰랐던 시절부터 우리는 자의 반, 타의 반으로 일본어와 친했던 셈이죠. 일본어 공부에 좀 더 쉽고 재미있게 접근하기 위해 『데끼르 데끼르 니홍고』는 '이미 알고 있는 일본어 파헤치기'부터 시작합니다. 그래서 히라가나가 아닌 이미 알고 있는 '우리말' 발음대로 일본어를 소개하는 것이죠. 생소한 히라가나부터 외워야 된다는 부담은 접고, 아는 것에서부터 재미있게 시작해보세요!

2. 써보지 않고 눈으로 읽으면서 단어를 익히세요

외국어 공부를 할 때면 깜지를 쓰듯 노트를 빽빽하게 채워가며 단어부터 외운 분들 있으시죠? 그런 방법은 잠시 접어두세요. 『데끼르 데끼르 니홍고』는 '읽는' 일본어 책입니다. 일단 얼핏 알고 있던 단어부터 확인하고, 그 유래와 뜻을 읽는 겁니다. 배경지식을 이해하는 동안 단어는 저절로 외워지고, 다른 단어나 문장으로의 응용도 수월해질 것입니다.

3. 『데끼르 데끼르 니홍고』는 외래어표기법을 (완전히) 따르지 않습니다

데끼르 데끼르 니홍고. 일본어로는 できるできる日本語입니다. できる
는 '할 수 있다'는 뜻입니다. '외래어표기법'대로라면 '데키루'라고 표기
해야 맞습니다. 카(か)행에 해당하는 키(き)는 어두에서는 예사소리인
'ㄱ'으로 표기하지만 어중이나 어말에서는 거센소리로 표기해야 하니
까요. 東京(とうきょう)를 '도쿄'로, 京都(きょうと)를 '교토'로 표기하는 것
처럼요. 이 책에서는 토-쿄-와 쿄-토라고 썼습니다. 장음인 경우에는
하이픈(-)을 넣었지요. '데끼르'의 る도 '르'가 아니라 '루'로 표기해야
맞습니다. 하지만 실제 일본인들이 발음하는 걸 들어보면 한국의 표기
와는 꽤나 거리가 있다는 걸 느낄 수 있습니다.

니홍고도 마찬가지입니다. 日本語(にほんご)에서 ん을 볼까요? 표기
법은 'ㄴ' 받침으로 통일해서 적도록 했지만 사실 '니홍고'나 '코붕'처럼
'ㅇ'으로 들리기도 하고, 범죄를 뜻하는 '한자이'처럼 'ㄴ'으로 들리기도
합니다. 또 'ㅁ'으로 들리는 단어도 있지요.

학교를 뜻하는 갓코-(学校 · がっこう)를 예로 들어보겠습니다. 표기법
에서는 っ를 'ㅅ' 받침으로 적도록 정했습니다만, 'ㄱ' 받침이 더 자연스
러울 수도 있습니다. 삿포로도 삽포로라고 적지는 않지요. 이 책에서는
가급적 'ㅅ' 받침으로 썼습니다.

이 책은 이처럼 외래어표기법을 따르지 않았습니다. 아니, 전부 따르
지는 않았다고 해야 맞겠지요. 외래어표기법과 일치하는 경우도 있고,
그렇지 않은 경우도 있습니다. 사람에 따라서는 하나의 기준으로 똑같
이 정리된 표기가 어색하다고 느낄 수 있기 때문입니다. 일본인과 한국
인의 발음이 다르고, 같은 발음이라고 해도 사람에 따라서 조금씩 다를
수밖에 없지요. 따라서 이 책을 읽다 보면, 같은 발음인데 단어에 따라
다르게 표기한 경우들을 몇 차례 마주하게 될 겁니다. 걱정 마세요. 그
저 '이게 맞을까? 아니면 저게 맞을까?' 고민하다 보면 실제 발음에 대
한 감이 잡히고 제자리를 찾아가게 될 겁니다.

4. 힘을 빼고 부드럽게 발음해보세요

'쿠다사이'가 맞을까? '구다사이'가 맞을까?

'얼굴'을 뜻하는 顔를 표기법대로 쓰자면 '가오'가 됩니다. 'か'가 어두에 왔기 때문에 예사소리인 '가'로 표기하는 겁니다. ください(~해주세요)도 마찬가지로 '쿠다사이'가 아니라 '구다사이'로 표기해야 맞습니다. 그렇다면 'が'와 'ぐ'는 어떻게 표기할까요? 'か'나 'く'와 발음은 다른데 역시 '가', '구'로 표기합니다.

　물론 일본어를 한글로 표기할 때 혼란을 막기 위해 일관되게 표기하는 것은 중요합니다. 그런데 '일본어를 한번 시작해볼까' 하는 초보자의 입장에서라면 좀 다를 수 있습니다. 현지에 가서 발음을 의식하면서 '가오', '구다사이'라고 하는 건 아무래도 좀 이상하지요. 그래서 이 책에서는 '카오'나 '쿠다사이'처럼 표기했습니다. 그렇다고 거센소리가 꼭 맞는 것도 아닙니다. 'ㅋ'보다는 힘을 빼고 'ㄱ'보다는 세게 발음하는 정도로 생각하면 어떨까 싶습니다. が·ぎ·ぐ·げ·ご도 마찬가지입니다. 가·기·구·게·고보다는 힘을 뺀 발음이지요. 코맹맹이 소리로 발음을 하는 게 가까울 수도 있습니다.

'무리'야? '므리'야?

한국인에게 쉽지 않은 발음 중에 'つ'가 있습니다. 'つ'가 들어간 단어 중에 손톱깎이를 뜻하는 爪切り가 있는데요. 사람에 따라서 '쓰메키리'라고 발음하기도 하고, '츠메키리' 또는 '쯔메키리'라고도 합니다. 표기법에 따르면 '쓰메키리'가 되지요. 드라마에 자주 나오는 殺人은 '사쓰진', 질문을 뜻하는 質問은 '시쓰몽'입니다. 역시 현지 발음을 생각해보면 많이 다릅니다. '쓰'도 '쯔'도 아니지만 '츠'라고 할 수도 없습니다.

　'ㅜ' 발음도 주의해야 합니다. 無理의 발음은 우리말 '무리'와도 비슷한데요. 'む'를 발음할 때는 우리말 'ㅜ'처럼 입술을 쭉 내밀고 발음하지 않습니다. 'ㅜ' 발음이 아닌 거죠. 사람에 따라서는 'ㅡ'에 가깝게 '므리'

로 들릴 수도 있습니다.

一杯는 또 어떤가요? 시옷받침을 정확하게 발음하면서 '잇파이'라고 말하려면 부자연스럽습니다. 표기는 '잇'인데 '입'이 될 수밖에 없습니다. '파'도 과연 '파'라고 발음하는 게 맞는 건지 의구심이 들지요.

그럼 도대체 뭐가 맞는 걸까요? 그 정답은 직접 찾아야 합니다. 힌트를 말하자면 모호한 발음이 일본어를 잘 하는 한 가지 방법이 될 수도 있습니다. 이것도 아니고, 저것도 아니라는 게 아닙니다. 한글을 사용하는 한국인의 입장에서 봤을 때 일본어의 발음이 모호하게 들리기 때문이지요. '카'도 아니고 '가'도 아니고, 'ㅜ'도 아니고 'ㅡ'도 아닌 거죠. 桜는 '사쿠라'도 '사끄라'도 아닌 겁니다. 일단 입에 힘을 좀 빼고 부드럽게 말해보세요. 일본어를 연습할 동안은 내 입이 그동안 기억해온 한글 발음들을 정확하게 하려고 노력하지 마세요.

5. 일본에서 자주 쓰는 다양한 예문! 단어 정리는 부록으로

길거리에서 만날 수 있는 광고 문구, 텔레비전 자막의 카피, SNS 등에서 태그로 걸리는 유행어 등 생생한 일본어를 만나보세요. 예문의 문장은 고양이🐱가, 단어와 숙어는 고양이의 털실🧶이 알려줍니다. 이 책의 뒷부분(397페이지)에는 1~5장 예문에 쓰인 단어가 정리되어 있습니다. 단어 공부가 필요할 때에는 부록을 참고해주세요.

6. 생생한 일본어 공부 팁까지

『데끼르 데끼르 니홍고』는 이 책을 읽는 모든 이들이 '일본어 오덕'이 되기를 희망합니다. 그래서 자연스럽게 재미를 붙이고, 익힐 수 있도록 구성했습니다. 언어를 공부하는 데는 그 나라의 현지 콘텐츠만큼 유용한 것이 없습니다. 각 장의 마지막 코너로 구성된 학습 팁을 통해서 역사, 드라마, 뉴스, 여행 등 다양한 문화 콘텐츠를 엿보고 최신 일본어를 접할 수 있는 비결을 얻으세요.

1. 어! 이것도 일본어였어? · 17
–우리 생활 속 일본어 활용

코붕 | 나와바리 | 캬크히키 | 치라시 | 무텟포– | 톳코–타이 | 사바사바
츤데레 | 사쿠라 | 앗싸리 | 반카이 | 시탓파 | 도카타 | 쿠르마 | 엥코 | 만탕
밧크 | 오–라이 | 팡크 | 톤톤 | 텐텐 | 피카피카 | 잇타리키타리 | 카오
와크 | 후카시 | 콘죠– | 츠키다시 | 사시미 | 와리캉 | 와리바시 | 오시보리
와사비 | 텐푸라 | 벤토– | 나베 | 오봉 | 카기 | 츠메키리 | 아시바 | 키즈
신삥 | 쿠사리 | 텡캉 | 데코보코 | 보로 | 잇파이 | 카라 | 유토리 | 사라
콧푸 | 소데나시 | 즈봉 | 몸뻬 | 란닝그 | 쟘파– | 코–자 | 요–이동 | 시마이
오키마리 | 분파이

2. 일본어야? 우리말이야? · 105

-한번에 외워지는 우리말과 비슷한 일본어

츄-몬 | 샤신 | 켓콘 | 도크신 | 카조크 | 젠젠 | 쥬-덴 | 쥬-요- | 히츠요-
호-호- | 죠-호- | 호-코- | 무리 | 모치론 | 만조크 | 슈미 | 유-메- | 닝끼
훈이키 | 헨타이 | 닝겐 | 비쥬츠칸 | 신분 | 뎅와 | 뎅키 | 오챠 | 야크소크
슛파츠 | 코-엔 | 도-로 | 지텐샤 | 덴샤 | 칸란샤 | 에끼 | 뵤-인 | 망가
에-가 | 가카 | 안젠 | 운텐 | 오-단호도- | 지켄 | 케-사츠 | 신고- | 멘쿄
미라이 | 코크민 | 센몬카 | 센타크(세탁) | 센타크(선택) | 마이니치 | 에-고
스-가쿠 | 센세- | 운도- | 켄도- | 야큐- | 도료크 | 지칸 | 텐고크
지신(지진) | 지신(자신) | 칸탄 | 벤리

이케 짱의 일본어 공부 Tip 2 지명과 친해지면 일본어 지식이 저절로 생긴다?! · 200

3. 영어도 일본식으로 읽으면 일본어가 된다? · 203

-외래어 그대로 쓰는 다양한 일본어

도링크 | 와인 | 데자-토 | 코-히- | 스타바 | 팡 | 라이스 | 톤카츠
크레짓토카-도 | 캇푸르 | 슛핑그 | 데파-토 | 프레젠토 | 세-르 | 스-파-
콤비니 | 칭 | 지-팡 | 레자- | 이야링그 | 보탄 | 믹스 | 코스프레 | 아이도르
아니메 | 캬라크타- | 메이도카훼 | 스마호 | 파소콘 | 넷토카훼 | 와이화이
호로- | 바스 | 타와- | 호테르 | 쿠-라 | 쟈즈 | 비르 | 리-즈나브르
타바코 | 오-에르 | 바브르 | 바브리-

이케 짱의 일본어 공부 Tip 3 카타카나는 일본 길거리에서 익히자! · 266

1.
어! 이것도
일본어였어?

-우리 생활 속 일본어 활용

사바사바 · 뽀록 · 치라시 · 코붕… 이게 다 일본어? 당신은 생각했던 것보다 이미 많은 일본어를 알고 있습니다! 생활 속 일본어. 이미 알고 있는 일본어를 제대로 알고 쓰는 법을 익혀볼까요.

1. 코붕 こぶん・子分

부하, 복종하는 사람, 아들 취급을 받는 사람

오레가 아나타노 코붕까? おれがあなたの子分か?
> 내가 네 코붕이야?

한국영화에서도 많이 나오는 표현이죠? 코(子) 대신 부모를 뜻하는 오야(親)를 붙이면 오야붕입니다. '의지하는 사람' 또는 '우두머리'라는 뜻이지요.

야쿠자노 오야붕 やくざの親分 > 야쿠자 우두머리
와레와레노 오야붕 われわれの親分 > 우리 대장

오야붕이나 코붕은 야쿠자 세계나 정계에서 주로 쓰는 표현인데요. 야쿠자들은 조직에 들어가면 우두머리와 오야붕─코붕 관계를 형성하거나 의형제 관계를 맺는다고 하지요. 일본의 정치인들은 자신이 속한 파벌의 우두머리에게 오야지(親父)라는 표현을 쓰기도 합니다. '아버지'라는 뜻도 있지만 역시 우두머리를 가리키는 표현입니다.

2. 나와바리 なわばり · 縄張り

관할권, 구역, 영역, 세력 범위

"여긴 내 나와바리야."

친구들과 약속장소를 잡을 때 나와바리에서 만나는 편인가요? 자신이 주로 활동하는 지역을 '나와바리'라고 하지요. 나와바리는 '새끼줄'을 의미하는 나와(縄)와 '당긴다'는 뜻의 바리(張り)가 합쳐진 말로 일본인이 토지 소유권을 표시하기 위해 새끼줄을 친 데서 유래했습니다. 지금은 주로 '세력이나 힘이 미치는 범위'라는 뜻으로 쓰지요. 역시 야쿠자 세계에서 잘 쓰는 용어입니다.

 코꼬와 오레노 나와바리다 ここはおれのなわばりだ
> 여긴 내 나와바리다

오레노 나와바리쟈나이 おれのなわばりじゃない
> 내 나와바리 아니야

3. 캬크히키 きゃくひき · 客引き

호객 행위, 삐끼

호객 행위를 하는 사람을 일컫는 삐끼는 일본어 캬크히키에
서 온 말입니다. 손님을 정중하게 말할 때 오캬크상(お客さん)
또는 오캬크사마(お客さま)라고 하는데요. '손님'을 뜻하는 캬
크(客)에 '끌다'는 뜻의 히키(引き)가 합쳐진 말이지요. 뒷부분
히키의 발음이 우리가 쓰는 '삐끼'로 변한 겁니다.

 코와이 캬크히키 こわい客引き > 무서운 삐끼

지나가는 사람을 붙잡는다는 뜻에서 캬크히키를 캿치(キャ
ッチ)라고도 합니다. catch를 일본어로 발음하는 건데요. 유흥
가를 걷다 보면 이자카야의 캿치들이 음료를 10% 할인해준
다며 손님들을 붙잡지만 실제로는 서비스 요금 10%를 추가
로 요구하는 상술이지요. 경찰에서는 주의를 당부합니다.

도링크 쥿파—센토 오후 ドリンク10% OFF > 드링크 10% 할인
캬크히키 츄—이 客引き注意 > 삐끼 주의

4. 치라시 チラシ · 散らし

전단지

캬크히키들이 나눠주는 걸 치라시라고 하죠? 치라시는 '흩뿌리다'라는 뜻인 치라스(散らす)의 명사형입니다. 종이를 뿌린다는 데서 유래한 표현이지요. 일본에서는 에도시대부터 시장이나 환락가에서 치라시가 등장했다고 합니다.

치라시를 인터넷에서도 그대로 볼 수 있습니다. 신문에 끼워서 배포하는 치라시를 지역별로 검색할 수 있는 사이트도 있지요. 슈퍼마켓, 유아용품점, 가전매장 등 쇼핑정보가 가득 담긴 다양한 업종의 치라시를 찾아볼 수 있습니다.

삐라도 '전단지'를 뜻하는데요. 주로 정치적인 선전물을 말할 때 사용합니다. bill이 일본어로 비라(ビラ)가 된 건데요. 우리는 이 비라를 삐라로 발음하고 있지요.

이자카야노 치라시 居酒屋のチラシ > 이자카야 치라시
웨브 치라시 ウェブチラシ > 웹 치라시
데지타르 치라시 デジタルチラシ > 디지털 치라시
하루노 오토크나 치라시 春のお得なチラシ > 봄 세일 치라시

5. 무텟포- むてっぽう · 無鉄砲

무모하다 (무대포×)

무모한 행동을 하는 사람을 무대포라고 하지요. 대포는 '총포류'나 '소총'을 뜻하는 일본어 텟포-(鉄砲)를 한국식으로 발음한 겁니다. 여기에 '없다'는 뜻의 무(無)가 붙어 무텟포-가 된 건데요. 한자 그대로라면 '아무런 무기 없이 무모하게 전장에 나간다'는 뜻으로 생각하기 쉽죠? 그런데 무텟포-의 유래는 무테호-(無手法)라고 합니다. '손에 아무것도 갖고 있지 않다', '아무런 수단이 없다'는 뜻입니다.

간사이를 중심으로 점포가 늘어나고 있는 무텟포- 라-멘(無鉄砲ラーメン)의 팬을 무테오타(ムテオタ)라고 하는데요. 무텟포-오타쿠(無鉄砲オタク)를 줄인 말입니다. 무테신쟈(ムテ信者)라고도 부릅니다.

 무텟포-나 오토코 むてっぽうな男 > 무모한 남자

 오, 무테오타데스까? お、ムテオタですか？
> 오, 무테오타인가요?

6. 톳코-타이 とっこうたい · 特攻隊

특공대 (독고다이×)

톳코-타이를 우리말로 그대로 옮기면 특공대입니다. 특별공격대, 즉 톳크베츠코-게키타이(特別攻撃隊)의 줄임말이지요. 톳코-타이란 2차대전 당시 자신의 신체를 이용해 적을 공격했던 항공부대를 말하는데요. 이들에게 '신의 바람'이라는 뜻의 카미카제(神風)를 붙여 '카미카제 톳코-타이'라는 명칭이 붙기도 했습니다. 적군과 충돌해서 피해를 입히는 부대로 사실상 '전사'를 전제로 편성된 자폭 공격부대이지요.

　2차대전을 계기로 유명(?)해진 덕분에 톳코(Tokko), 카미카제(Kamikaze)란 표현이 세계적으로 널리 알려졌습니다. 〈영원의 제로〉, 〈일본 패망 하루 전〉 등 이들을 소재로 다룬 영화도 꾸준히 만들어지고 있습니다만, 이와 함께 미화 논란도 끊이지 않고 있습니다.

톳코-타이인 보슈- 特攻隊員募集 > 특공대원 모집
사이고노 톳코-타이 最後の特攻隊 > 최후의 특공대

7. 사바사바 さばさば

무언가에 얽매이지 않는 깔끔한 성격을 나타낼 때 쓰는 말

"부장님한테 사바사바 좀 잘해봐."

회사생활을 하면서 가끔 듣게 되는 말이죠? 주로 아부를 하는 듯한 행동이나 모습을 나타내는데요. 일본어 사바사바는 원래 시원스럽거나 소탈한 성격을 나타낼 때 쓰는 표현입니다.

사바사바는 '시원하다', '상쾌하다'라는 뜻을 가진 일본어 사와야카(さわやか)의 사와(さわ)에서 유래했다고 합니다. 사와사와(さわさわ)의 발음이 삿파삿파(さっぱさっぱ)로 변했다가 지금의 사바사바가 됐다는 것이지요. 비슷하게 '깨끗이', '깔끔히', '전혀' 등의 뜻으로 쓰이는 삿파리(さっぱり)라는 단어도 있습니다.

 삿파리 와까리마셍 さっぱり分かりません
> 전혀 몰라요

소위 여성스러움은 부족하지만 사소한 것에 신경 쓰지 않고, 할 말은 확실히! 이런 성격의 여성을 사바사바케-죠시(さ

ばさば系女子)라고 합니다. 옮겨보면 '사바사바계 여자'이지요. 털털하고 소탈한 성격에 매력을 느끼지만 다가서기 쉽지 않다는 인식이 강한데요. 일본에서는 이런 여성들을 유혹하기 위한 노하우도 인터넷에서 인기를 끌고 있습니다.

 사바사바시따 죠세ー さばさばした女性 > 소탈한 여성
사바사바케ー 죠시노 오토시카타 サバサバ系女子の落とし方
> 사바사바계 여자를 유혹하는 법

8. 츤데레 つんでれ

통명스럽게 대하지만 실제로는 호감을 갖고 있어
잘 대해주는 사람

"다정한 남자보다 츤데레가 좋아."

츤데레는 통명스럽고 새침한 모양을 나타내는 츤츤(つん
ん)과 비위를 잘 맞추는 모양을 나타내는 데레데레(でれでれ)
가 합쳐진 일본의 인터넷 신조어입니다. 우리말 '새침데기'와
비슷하지만 뉘앙스에는 차이가 있죠?

평소에는 관심 없는 척 통명스럽게 대하다가도 가끔씩 호
의적인 태도로 잘해주는 츤데레의 매력! 요즘 남녀 모두 츤데
레가 인기라고 하는데요. '츤데레 스타일의 여성'을 츤데레라
(ツンデレラ)라고 합니다. 츤데레(ツンデレ)에 신데레라(シンデ
レラ·신데렐라)의 라(ラ)를 붙인 합성어이지요. 또한 '츤데레를
좋아하는 사람'도 츤데레라(ツンデレラ)라고 합니다. '~하는
사람'을 뜻하는 영어 ~er을 붙인 겁니다.

자신이 얼마나 츤데레인지 진단해볼 수 있는 츤데레도신단
(ツンデレ度診断·츤데레도 진단)도 인터넷에서 해볼 수 있습니

다. 츤데레 붐이 일면서 '츤데레 같은 강아지나 고양이'를 말하는 츤데레 이누(ツンデレ犬), 츤데레 네코(ツンデレ猫)도 인기를 끌고 있습니다.

츤데레온나가 스키 つんでれ女がすき
> 츤데레 여자가 좋아

츤데레노 밋츠노 타이푸 つんでれの三つのタイプ
> 츤데레의 3가지 타입

시슌키 츤데레 보-이 思春期つんでれボーイ
> 사춘기 츤데레 소년

9. 사쿠라 さくら · 桜

벚꽃, 야바위꾼, 바람잡이

하루니와 사쿠라 春には桜 > 봄에는 벚꽃

사쿠라가 키레-데스 桜がきれいです > 벚꽃이 예뻐요

흔히 알고 있듯 사쿠라는 '벚꽃'을 말하지요. 그런데 한국에서는 사기꾼, 가짜 등의 뜻으로도 쓰입니다. '저거 사쿠라 아니야?' 이런 식으로요.

사쿠라는 공연이나 판매 행사에서 분위기를 모는 바람잡이나 박수꾼을 가리키기도 합니다. 행사가 큰 관심을 받는 것처럼 보이도록 긴 줄을 만들거나 돈을 더 얹어 물건을 사는 등의 행동을 하지요. 유래는 에도시대로 거슬러 올라가는데요. 가부키 극장에서 배우에게 말을 걸어 분위기를 띄우는 사람을 일컫는 말이었다고 합니다. 그 대신 사쿠라는 무료로 공연을 볼 수 있었지요. 벚꽃과 마찬가지로 돈을 내지 않아도 즐길 수 있다는 것, 잠깐 나타났다 사라지는 점이 벚꽃이 잠깐 피었다 지는 모습과 비슷해서 이들을 사쿠라로 불렀다고 합니다.

또한 '구라 좀 치지 마'에서 '거짓말'을 뜻하는 속어 '구라'
도 사쿠라가 변한 표현이라는 설이 있습니다. '구라를 치다'라
고 할 때 '치다'는 표현이 화투의 벚꽃 패를 치는 모습에서 비
롯됐다는 것이죠.

파칭코텐노 사쿠라 パチンコ店の桜
> 파친코 가게의 사쿠라

데아이케- 사이토노 사쿠라 미와케카타
出会い系サイトの桜見分け方
> 만남 사이트의 사쿠라 구별법

코이츠 사쿠라카모 こいつサクラかも
> 이 녀석 사쿠라일지도

10. 앗싸리 あっさり

깔끔하게, 깨끗이

"그냥 앗싸리 포기하자."

깨끗하게 포기하고 싶을 때 앗싸리를 쓰면 훨씬 강조되는 효과가 있습니다. 앗싸리는 음식 맛이나 사람의 성격을 표현할 때도 자주 쓰는 표현입니다. 특히 라-멘 이야기를 할 때 빠지지 않습니다.

많고 많은 라-멘을 분류하는 첫 번째 방법은 수프! 어떤 수프를 넣느냐에 따라 맛이 많이 달라지는데요, 수프 종류를 한번 알아볼까요.

쇼-유 醬油 > 간장
시오 塩 > 소금
미소 味噌 > 된장

여러분은 어떤 맛을 선호하나요? 이 중 가장 앗싸리 한 맛은 소금이 들어간 시오라-멘(塩ラーメン)이지요.

앗싸리 유ー항 あっさり夕飯 > 담백한 저녁
앗싸리 오카즈 あっさりおかず > 담백한 반찬
앗싸리 레시피 あっさりレシピ > 담백한 요리 레시피
앗싸리 코크하크 あっさり告白 > 깔끔하게 고백

자신의 취향을 반영해서 말해보세요.

라ー멘와 앗싸리케ー가 코노미데스
ラーメンはあっさり系が好みです
> 라면은 앗싸리계가 취향입니다(앗싸리 한 라면을 좋아합니다)

11. 반카이 ばんかい · 挽回

만회

라이벌에게 패했을 때, 각오를 다지며 외치는 반카이! 반카이 와 어감도 의미도 비슷한 어휘가 또 있습니다. 적절한 조치를 취해서 위기를 모면하는 것을 '우라까이'라고 합니다. 언론계 에서는 다른 언론에서 나온 기사의 내용을 적당히 바꿔서 마 치 자신이 취재한 것처럼 내는 행위를 '우라까이 한다'라고 합 니다. 그런데 정작 일본어에는 우라까이라는 표현이 없습니 다. 비슷한 말로 우라가에시(裏返し)가 있지요. '뒤집음', '옷을 뒤집어 입음'을 뜻합니다. 아마도 우라까이는 '뒤'라는 뜻의 우라(うら)와 반카이의 카이(かい)를 무리하게 합쳐서 쓰게 된 표현이 아닐까요?

 반카이 챤스! 挽回チャンス! > 만회 챤스!

이츠카 반카이시타이 いつか挽回したい > 언젠가 만회하고 싶어

 쿠츠시타 우라가에시 靴下うらがえし > 뒤집힌 양말

12. 시탓파 したっぱ・下っ端

신분이나 지위가 낮은 사람 (시다바리×)

"내가 네 시다바리야?"

코붕 취급도, 시다바리 취급도 기분 좋을 일은 없겠죠? 시다바리는 일본어 '시탓파'가 변한 말입니다. 코붕과 의미가 비슷하지만 '제도에 따른 지위의 높고 낮음'이라는 의미가 더 강하지요. 자기 자신에게 쓰는 경우는 비하의 뉘앙스가 강하고, 남에게 쓰면 경우에 따라서는 막말이 될 수도 있습니다.

 마다 시탓파데스 まだ下っ端です > 아직 말단이에요

보쿠와 에-엔노 시탓파 僕は永遠の下っ端 > 나는 영원한 말단

13. 도카타 どかた · 土方

토목 작업자, 그중에서도 특별한 자격이나
기술이 필요 없는 노동자 (노가다×)

노가다는 공사장에서 일하는 인부 '도카타'에서 온 말입니다.
한국에서와 마찬가지로 공사현장 일뿐만 아니라 막일, 험한
일을 하는 사람을 나타내는 말인데요. 역시 부정적이고 차별
의 뉘앙스가 담겨 있습니다.

도카타노 오지상 土方のおじさん > 막일꾼 아저씨
코-지겐바노 도카타 工事現場の土方 > 공사현장 막일꾼

14. 쿠르마 くるま・車

자동차, 수레

車는 일본어로 '쿠르마' 외에 '샤'로도 읽습니다. 전철인 덴샤(電車), 우리말로 자전거인 지텐샤(自転車), 그리고 열차를 가리키는 렛샤(列車)처럼요. 자동차의 '차'와도 발음이 비슷하죠? '쿠르마'라고 읽을 수도 있는데요. 바퀴로 굴러가는 것들을 통틀어 말하는데 보통 '자동차'의 뜻으로 쓰입니다.

쿠르마의 쿠르(くる)는 물건이 회전하는 모양을 나타내는 쿠르쿠르(くるくる)에서 유래했습니다. 우리말로는 '뱅글뱅글'이지요. 마(ま)는 '바퀴'를 뜻하는 와(わ)의 변형으로 추측되고 있습니다. 휠체어는 '이스(いす・의자)가 달린 차'라는 뜻에서 쿠르마이스(車椅子)라고 합니다.

쿠르마이스 무쇼-렌타르 車椅子無償レンタル
　　　　> 휠체어 무상 대여

쿠르마가 호시-데스 車が欲しいです
　　　　> 자동차를 갖고 싶어요

15. 엥코 エンコ

엔진이 고장나다, 연료 등이 다 떨어지다

자동차가 엥코라면? 당연히 주유소에 가야죠? 그런데 일본에서는 카센터에 가야 할지도 모릅니다. 엥코는 engine의 엔(エン)에 고장을 뜻하는 코쇼-(故障)의 코(故)를 합쳐 만든 표현입니다. 주로 연료가 바닥났을 때 엥코라고 하지만 일본에서는 엔진이 고장이 나거나 연료가 떨어졌을 때 모두 사용하는 표현입니다. 또한 '원조교제'를 뜻하는 엔죠코-사이(援助交際)를 줄여서 엥코(エンコ)라고도 합니다. 인터넷에서 가장 많이 사용하는 엥코는 IT용어 encode의 줄임말입니다. 동영상이나 음성 등을 컴퓨터에서 쓸 수 있도록 부호화하는 것을 말하지요.

쿠르마가 엥코시마시따 車がエンコしました
> 자동차가 (문제가 있어서) 멈췄습니다

바이크모 엥코데스 バイクもエンコです
> 오토바이도 (문제가 있어서) 멈췄습니다

16. 만탕 まんタン · 満タン

가득 (만땅×)

"만땅이오!"

주유소에서 가장 많이 들을 수 있는 말이죠?

만(満)은 '가득차다'는 뜻입니다. 탕(タン)은 tank의 일본어인 탕크(タンク)의 앞부분을 딴 것입니다. 연료나 물이 탱크(용기)에 가득 차 있다는 의미이지요. 꼭 탱크가 가득 찬 경우에만 쓰는 건 아닙니다.

메-르봇크스가 만탕데스 メールボックスが満タンです
> 메일함이 가득 찼어요

가소린 만탕데 오네가이시마스 ガソリン満タンでお願いします
> 가솔린 가득 부탁합니다

닌니크 만탕노 라-멘 ニンニク満タンのラーメン
> 마늘이 가득 들어간 라면

17. 밧크 バック

후진, 뒤, 배경

"빠꾸 좀 해주세요." 자동차 후진할 때 '빠꾸'라는 말 많이 들어보셨죠? back이 일본어 밧크로 변한 것인데요. 한국에서는 밧크를 빠꾸로 발음하고 있습니다.

촛토 밧크시떼 쿠다사이 ちょっとバックしてください
> 후진 좀 해주세요

그 외에 '뒤'나 '배경'이란 뜻으로도 쓸 수 있습니다.

밧크팟크 バックパック > 백팩
밧크스테-지 バックステージ > 백스테이지

야마오 밧크니 샤신오 톳떼 쿠다사이
山をバックに写真を撮ってください
> 산을 배경으로 사진을 찍어주세요

18. 오-라이 オーライ

좋다(동의), 문제없다

"오라이~ 오라이~ 괜찮아. 오라이~!"

좁은 공간에서 자동차를 빼기가 어려울 때 오라이를 외쳐줄 사람이 있으면 마음이 편하죠? 오라이가 도대체 무슨 뜻일까 생각해본 적 없으세요? 밧크와 마찬가지로 영어의 일본식 표현인데요. 오-르라이토(オールライト)의 줄임말이 오-라이입니다. all right에서 온 말이지요. 위 문장을 굳이 해석해보자면 '좋아 좋아, 괜찮아 좋아'가 되는 겁니다. 일본영화나 드라마에서 역 관리원이 '오-라이'를 외치는 모습도 상징적인 장면입니다. 몬다이나이(問題ない · 문제없다), 다이죠-부(大丈夫 · 괜찮다) 등으로 바꿔 쓸 수 있습니다.

 핫샤 오-라이! 発車オーライ! > 발차 문제없음!

켓카 오-라이 結果オーライ
> 결과는 문제없음(문제는 조금 있었지만 어쨌든 결과는 좋다는 의미)

19. 팡크 パンク

펑크 (빵꾸×)

카센터에 빨간 글씨로 크게 써진 '빵꾸' 보신 적 있지요? 타이어에 바람이 빠졌을 때 쓰는 일본어 '팡크'에서 온 말이지요. 또 많이 먹어서 배가 터질 것 같다거나 공부를 많이 해서 머리가 터질 것 같다고 할 때도 쓸 수 있습니다.

팡크시따 타이야 パンクしたタイヤ > 펑크난 타이어
벵쿄ー데 아타마 팡크 勉強で頭パンク > 공부로 머리 펑크

지텐샤노 타이야가 팡크시마시따
自転車のタイヤがパンクしました
> 자전거 타이어가 펑크 났습니다

20. 톤톤 とんとん

엇비슷함, 팽팽함 (똔똔×)

손해와 이익이 비슷할 때 사용하는 표현이지요. 일본어 톤톤에는 몇 가지 뜻이 있습니다.

무대에서 춤을 출 때 리듬에 맞춰 무대를 '가볍게 밟는 소리'도 톤톤이라고 표현하는데요. 여기서 '일이 순조롭게 진행된다'는 뜻으로도 발전했습니다. 또한 왼발, 오른발을 내딛는 규칙적이고 경쾌한 모습에서 '좌우의 균형이 맞는 상태'라는 의미도 갖게 됐습니다. 우리가 쓰는 '똔똔'이 이런 뜻이지요.

 오카네모 지칸모 톤톤데스 お金も時間もとんとんです
> 돈도 시간도 비슷해요

톤톤의 귀여운 발음을 이용한 말장난도 있습니다.

 아리가톤톤 ありがとんとん > 고마웡웡
도-이타시마시텐텐 どういたしましてんてん > 천만엥엥

21. 텐텐 てんてん · 点点

몇 개의 점

'점'을 뜻하는 点을 일본어로는 '텐'으로 발음합니다. 얼룩 등이 점점이 묻어 있다고 할 때 '텐텐'이라는 표현을 쓰는데요. 우리말에서는 '물방울무늬'를 뜻하는 땡땡이로 굳어졌습니다.

시로이 텐텐 白い点点 > 하얀 점점
완피-스니 아나가 텐텐 ワンピースに穴が点点
> 원피스에 구멍이 점점

"삐까번쩍하네요!" 무언가가 눈부실 정도로 깨끗하다고 얘기할 때 '삐까번쩍하다'라고 하지요? 삐까는 '반짝이다'는 뜻의 일본어 피카피카에서 온 말입니다. 비슷한 말로 키라키라(キラキラ)가 있는데요. 키라키라는 점점이 반짝임을 나타내는 데 비해 피카피카는 그 자체의 빛남을 말할 때 쓰입니다.

 크리스마스츠리-가 키라키라 クリスマスツリーがキラキラ
> 크리스마스트리가 반짝반짝

아타라시- 쿠르마가 피카피카 新しい車がぴかぴか
> 새 자동차가 반짝반짝

2차대전 당시 일본에 원자폭탄이 떨어졌을 때 폭탄이 '번쩍한 뒤 쾅' 터졌다고 해서 원자폭탄을 피카동(ピカドン)이라고 합니다. 포켓몬스터 피카츄도 반짝(피카) 빛을 내고 쥐 울음소리(츄-)를 내기 때문에 붙여진 이름입니다. 피카츄 송을 불러볼까요. 피카피카 피카츄-(ピカピカピカチュウ).

23. 잇타리키타리
いったりきたり · 行ったり来たり

이랬다저랬다 하거나 왔다 갔다 하는 모습 (왔다리 갔다리×)

마음이나 몸이 방향을 못 잡고 왔다 갔다할 때 '왔다리 갔다리 한다'라고 하는데요. '~하거나'라는 뜻의 일본어 타리(たり)를 잘못 사용한 표현입니다. '왔다 갔다 한다'는 뜻의 잇타리키타리에서 잇(いっ)을 '왔'으로 키(き)를 '갔'으로 바꿔서 우리말처럼 써온 것이지요. '왔다리 갔다리 춤'도 있으니 우리말이라고 생각할 법도 하죠? 그런데 잇타리키타리를 그대로 옮기면 '왔다 갔다'가 아니라 '갔다 왔다'입니다. 비슷한 표현으로 '앉았다 섰다 한다'도 있지요? 일본어에서는 역시 우리말과 반대로 '섰다 앉았다'라고 합니다.

 키모치가 잇타리키타리 気持が行ったり来たり
> 기분이 갔다 왔다(왔다 갔다)

 탓타리 스왓타리 시나이데 立ったり座ったりしないで
> 섰다 앉았다(앉았다 섰다) 하지 마

24. 카오 かお · 顔

얼굴, 체면, ~체함 (가오 ×)

"우리가 가오가 없냐!"

우리가 흔히 가오라고 하지만 정확한 일본어로는 '카오'라고 하지요. '얼굴'을 뜻하는 카오는 '폼'이나 '체면'을 의미하는 비유적인 뜻으로 많이 씁니다. 마찬가지로 일본에도 다양한 표현이 있습니다.

카오가 소로우 顔が揃う > 얼굴이 모이다(사람이 모이다)
카오가 우레르 顔が売れる > 얼굴이 팔리다(유명하다)
카오오 타테르 顔を立てる > 얼굴을 세우다(체면을 세우다)

화장을 하거나 고칠 때도 우리말과 달리 카오를 씁니다.

카오오 츠쿠르 顔を作る > 얼굴을 만들다(화장을 하다)
카오오 나오스 顔を直す > 얼굴을 고치다(화장을 고치다)

아는 사람이 많다고 할 때 우리는 '발이 넓다'고 하지요? 일본에서는 얼굴을 씁니다.

    카오가 히로이 顔が広い > 얼굴이 넓다(아는 사람이 많다)

〈센과 치히로의 행방불명〉에 나오는 검은 망토 귀신 '카오 나시'의 이름은 말 그대로 '얼굴(顔) 없음(無し)'이라는 뜻입니다. 카타카나를 많이 쓰지요.

    카오나시노 카오와 코와이 カオナシの顔はこわい
> 카오나시의 얼굴은 무서워

25. 와크 わく・枠

테두리, 틀, 범위 (와꾸×)

"와꾸 좋네."

　사람의 외모를 평가할 때 '와꾸'라는 표현을 자주 쓰는데요, 이는 일본어 '와크'에서 온 것입니다. 우리말로 '틀' 정도로 번역할 수 있겠지요? 또한 '정해진 범위'라는 의미도 있습니다. 일본드라마 등 텔레비전 방송과 관련된 소식에서 자주 접할 수 있지요. 방송국에서는 인터넷이나 SNS를 통해 방송 편성 정보를 알립니다.

　　　테레비호−소−와크 テレビ放送枠 > 텔레비전 방송 편성
　　　코도크노 구르메 호−소−와크 孤独のグルメ放送枠
　　　　　　　　　　　　　> 고독한 미식가 방송 편성
　　　니치요− 도라마 와크 日曜ドラマ枠 > 일요일 드라마 편성

26. 후카시 ふかし・吹かし

담배 연기를 뱉어냄, 엔진을 고속으로 회전시킴

"후카시 좀 잡지 마!"

멋있어 보이기 위해 과장할 때 후카시를 잡는다고 하지요?
또 머리를 풍성하게 만든 '후카시 머리'도 있습니다. 국립국어
원에서는 후카시를 '폼재기'로 바꿔 쓸 것을 권장하고 있지요.
일본어 후카시의 동사형인 후카스(吹かす)는 '담배를 피우다',
'엔진을 고속으로 회전시키다'는 의미 외에도 '티를 내다'라는
뜻이 있습니다.

타바코오 후카스 보스 タバコを吹かすボス
> 담배를 피우는 보스

카라부카시와 야메떼쿠다사이 空吹かしはやめてください
> 공회전을 하지 말아주세요

27. 콘죠- こんじょう・根性

근성, 본래 갖고 있는 특유의 성질,
어떤 일을 끝까지 해내는 정신

콘죠-는 기근(機根)이라는 불교용어에서 유래했다고 합니다. '중생이 본래부터 가지고 있는 불성'이라는 뜻인데요. 긍정적인 의미도 있지만 '속물 근성'처럼 특유의 부정적인 성질을 말할 때도 자주 쓰입니다. 우리 역시 '곤조 좀 부리지 마세요' 같은 말을 하지요. 외국과 교류가 적고 폐쇄적이기 쉬운 섬나라 일본을 비하할 때도 자주 쓰는 표현이 있습니다.

  시마구니콘죠- 島国根性 > 섬나라 근성

그렇다고 일본만 근성이 있는 건 아닙니다. 한국과 중국도 지리적 위치에 따른 특유의 근성이 있습니다. 중국은 대륙이니까 타이리크콘죠-(大陸根性), 반도인 한국은 한토-콘죠-(半島根性)라고 할 수 있겠지요.

또 하나 부정적인 뜻으로 사용되는 예를 살펴볼까요?

콘죠-야키(根性燒き)는 직역하면 '근성을 태움'이 됩니다. 불이 붙은 담배를 피부에 닿게 해 상처를 내는 행동이나 그 상처를 말하죠. 야쿠자나 불량배가 자신의 근성을 과시하기 위해 근성을 불태운다는 뜻에서 콘죠-야키라고 합니다. '구운 고기'를 뜻하는 야키니크(燒き肉)의 '야키'와 같습니다.

 콘죠-아르네! 根性あるね! > 근성 있네!

28. 츠키다시 つきだし · 突き出し

음식점에서 메인 요리에 앞서 나오는 가벼운 음식

스모선수가 손바닥으로 상대방의 가슴 부위를 사정없이 때리며 밀어내는 장면을 본 적 있나요? 이게 바로 '츠키다시'라는 기술입니다. '밀어냄'이라는 뜻이지요.

우리가 주로 사용하는 츠키다시는 주문한 요리가 나오기 전에 제공되는 간단한 음식을 뜻하지요? 손님의 주문과 관계없이 손님의 테이블로 밀어내기 때문에 츠키다시가 되었다고 합니다.

일본에서 이와 비슷한 의미로 쓰이는 표현이 '안내'라는 뜻의 오토-시(お通し)인데요. 주방장이 손님의 주문을 확실하게 접수했다는 의미로, 간단한 음식을 손님의 자리로 안내한 데서 지어진 이름입니다.

한국에서는 츠키다시라고 하면 무료로 제공하는 서비스라는 인식이 강한데요. 하지만 일본에서는 간단한 안줏거리를 내주고 몇백 엔을 부과하는 곳이 많습니다. 그래서 일본여행을 갔다가 놀라는 경우도 생기게 되지요. 실제로 '설마 일본에

서 바가지를?' 하면서 당황하는 외국인 여행객도 꽤 많다고
합니다.

츠키다시 히토리 산뱌크엔 突き出し一人300円
　　　　　　　> 츠키다시 한 명에 300엔
츠키다시가 오이시– 미세 突き出しが美味しい店
　　　　　　　> 츠키다시가 맛있는 가게

29. 사시미 さしみ · 刺し身

생선회

사시미는 '생선을 자르고 벤 것'이죠? 그렇다면 '자르다'는 뜻의 키르(切る)를 써서 자른 몸, 즉 키리미(切身)라고 해야 할 텐데요. 왜 '찌르다'는 뜻의 사스(刺す)를 써서 사시미라고 했을까요?

두 가지 설이 있습니다. 먼저, 사시미로 만들고 나면 이게 어떤 생선인지, 종류를 알기가 쉽지 않지요? 이 문제를 해결하기 위해 생선의 지느러미를 사시미에 찔러 놓았다고 합니다. 그래서 '찌르다'는 뜻의 사시(刺し)를 썼다는 것이죠.

또 하나는, 과거 일본에서 할복을 할 때 하라오 키르(腹を切る · 배를 가르다)라는 표현을 썼는데, 이 때문에 키리미에서 부정적인 내용이 떠올라 쓰지 않았다고 합니다.

사시미 테-쇼크 刺身定食 > 사시미 정식
마그로사시미 모리아와세 マグロ刺身盛り合わせ
> 참치 사시미 모듬

55

30. 와리캉 わりかん · 割り勘

더치페이, 각자 부담

여러분은 더치페이에 익숙한가요? 한국도 달라지고는 있지만 일본에서 적응하기 어려운 것 중 하나가 바로 더치페이 문화입니다. 함께 밥을 먹었는데 따로 줄을 서서 자기 밥값만 내고 먼저 나가는 풍경이 아직 익숙하지는 않지요. 테이블에서 인원을 입력하면 지불할 금액을 정확하게 나눠주는 곳도 많고, 그런 기능이 있는 스마트폰 어플도 쓰지만 그런 게 없어도 일본인들의 더치페이 생활은 아무런 문제가 없습니다. 오랫동안 이어져온 자연스러운 관습이지요.

일본인 친구에게 기분 좋게 밥을 사도 무언가 편하지 않은 기분이 드는 건 어쩔 수 없습니다. 특별한 이유 없이 대접을 했다가는 상대방이 오히려 '신세를 졌다', '빚이 있다'고 생각하며 무겁게 받아들일지도 모릅니다. 그런데 한편으로는 어떤 자리에 가더라도 내 몫만 부담 없이 계산하면 되는 장점은 있습니다.

일본에서는 '더치페이'를 와리캉이라고 합니다. 와리마에칸죠-(割前勘定)의 줄임말인데요. '자기 몫을 나눠서 계산한다' 는 뜻입니다. 일본의 자연스럽고 철저한 와리캉 문화를 신기하게 바라보는 외국인도 많은데요. 남녀 간 데이트에서 와리캉을 하는 게 맞는 건지 혼란스러워 하는 일본인도 늘고 있는 듯합니다.

카레시또 와리캉 彼氏と割り勘
> 남자친구와 더치페이

고뵤-데 와리캉 데끼르 아프리 5秒で割り勘できるアプリ
> 5초에 와리캉 가능한 어플

일본인 친구에게 대접하고 싶을 때는 이렇게 말하면 됩니다.

와타시가 하라이마스! 私が払います!
> 내가 계산할게요!

31. 와리바시 わりばし · 割り箸

나무젓가락

와리바시의 와리(割り)도 와리캉의 '와리'와 마찬가지로 '나눈
다'라는 뜻입니다. 하시(箸)는 젓가락이지요. 와리바시는 '쪼개
쓰는 나무젓가락'을 말합니다. 컵라면을 먹을 때 쓰는 저렴한
편의점용 젓가락도 있지만 고급 식당일수록 더 좋은 젓가락
이 나옵니다.

　와리바시를 쪼개는 데는 어떤 일을 새로 시작한다는 의미
가 담겨 있어 일본에서는 예부터 중요한 축하행사나 종교행
사에서 와리바시를 사용해왔습니다. 그만큼 와리바시를 사용
하는 매너도 중요하겠죠?

와리바시 마나- 割り箸マナー > 나무젓가락 (사용) 매너
코-큐-와리바시 高級割り箸 > 고급 나무젓가락
라-멘니와 와리바시 ラーメンには割り箸
　　　　　　　　　　　> 라면은 나무젓가락으로

32. 오시보리 おしぼり · お絞り

물수건

음식점에서 손님에게 물수건을 내주는 건 일본 고유의 서비스였다고 합니다. 우리나라에서도 물수건을 주는 곳들이 많죠? 시보리는 옷의 신축성 있는 밑단이나 소매 부분을 가리키는 말로도 사용합니다. '쥐어짬'이라는 뜻 때문이지요. 맥주 광고에 나오는 '이치방 시보리'도 첫 번째 맥아즙을 사용해 양조한 맥주를 말합니다. 쥐어짜는 물수건은 귀한 손님들을 접대하기 위해 내놓는 물건이니 시보리 앞에 존경의 오(お)를 붙여 '오시보리'라고 합니다.

 레몬시보리노 레모네-도 レモン絞りのレモネード
> 레몬즙 레모네이드

 오시보리 모라에마스까? お絞りもらえますか?
> 물수건 받을 수 있을까요?

33. 와사비 わさび · 山葵

와사비

코로 쏠리는 싸~함! 일본의 대표적인 향신료 와사비는 특유의 매운맛이 매력적이지요? 와사비는 일본이 원산지인 십자화과 식물인데요. 와사비에 포함된 향미 성분이 비린 맛을 잡아주기 때문에 생선 요리에 주로 쓰입니다.

와사비는 코로 쏠리는 매운맛이 특징인데요. '달리다' 또는 '통하다'라는 뜻의 동사 하시르(走る)의 고어 와시르(わしる)가 와사(わさ)가 됐고, 열매를 뜻하는 미(美)가 비(び)로 변해 와사비가 됐다는 설이 있습니다.

매운맛에 약한 일본인들이지만 와사비는 좀 다릅니다. 와사비와 떼려야 뗄 수 없는 게 사시미와 스시인데요. 일본요리가 세계적으로 인기를 끌면서 와사비맛 과자나 맥주 등 다양한 상품들이 함께 몸값을 올리고 있습니다.

와사비 이리노 오스시 わさび入りのお寿司
> 와사비가 들어 있는 스시
와사비누키데 わさび抜きで > 와사비 빼고

34. 텐푸라 てんぷら · 天ぷら

튀김

튀김의 종류도 참 다양합니다. 텐푸라가 있는가 하면, 어떤 건 후라이(フライ)라고 하고, 또 어떤 건 아게(揚げ)라고 하지요. 세 가지 모두 튀김인데 텐푸라는 어패류나 야채를 밀가루와 계란으로 튀김옷을 만들어 튀긴 것, 후라이는 빵가루를 입혀 튀겨낸 걸 말합니다. 아게는 튀김 반죽 없이 밀가루만으로 가볍게 튀긴 것입니다.

밥 위에 텐푸라를 얹어 장을 뿌려 먹는 텐푸라동도 종류가 많습니다. 텐푸라동은 줄여서 텐동(天丼)이라고 합니다. 새우튀김을 올린 에비텐푸라동(海老てんぷら丼)이나 오징어튀김을 올린 이카텐푸라동(烏賊てんぷら丼) 등 다양하지요.

야사이텐푸라소바 野菜天ぷらそば > 야채 튀김 소바
텐푸라 센몬텐 天ぷら専門店 > 튀김 전문점

35. 벤토- べんとう・弁当

도시락

"히르와 오벤토-(昼はお弁当・점심엔 도시락)!"

일본인들의 단골 점심메뉴는 벤토-입니다. 딱히 먹고 싶은
메뉴가 떠오르지 않거나 비용과 시간을 아끼고 싶다면 도시
락은 훌륭한 선택이지요. 도시락 전문점도 많고, 동네의 아담
한 도시락 가게도 쉽게 찾을 수 있습니다. '도시락을 파는 상
점'을 벤토-야(弁当屋)라고 하지요. 편의점에서 판매하는 콤비
니벤토-(コンビニ弁当)도 나쁘지 않습니다. 집에서 손수 만든
도시락을 준비해오는 사람도 많습니다. 이런 샐러리맨 남성을
지칭하는 표현도 있습니다.

벤토-단시 弁当男子 > 도시락 남자
테즈쿠리 벤토- 手作り弁当 > 수제 도시락

특색 있는 도시락을 맛보기 위해 전국일주를 하는 여행자
도 많습니다. 각 지역의 역에서 파는 벤토-, 에끼벤(駅弁)의 맛
을 찾아 떠나는 여행입니다. 역을 뜻하는 에끼(駅)와 벤토의

벤(弁)을 합친 표현이지요.

꼭 찾아다니지 않더라도 에끼벤을 맛볼 수 있습니다. 도쿄 백화점에서는 전국의 에끼벤을 모아서 파는 에끼벤 대회가 열리고, 집에서 주문하는 에끼벤도 있지요. 공항에서 파는 도시락은 '하늘(空)'을 써서 소라벤(空弁), 고속버스 터미널에서 파는 도시락은 바스벤(バス弁), 나고야돔의 도시락은 '야구공(球)'을 써서 타마벤(球弁)이라고 합니다. 학생들이 점심시간이 되기 전에 먹는 도시락은 하야벤(早弁)이라고 하는데요. '빠르다', '이르다'는 뜻의 하야이(早い)를 썼습니다.

 벤토-단시노 오스스메 레시피 弁当男子のおすすめレシピ
> 도시락 남성의 추천 레시피

 쿄-와 벤토- 타베마쇼- 今日は弁当食べましょう
> 오늘은 도시락 먹읍시다

36. 나베 なべ・鍋

냄비

일본음식점이 많이 생기면서 익숙해진 단어죠? 나베료-리(鍋料理)는 말 그대로 냄비에 재료를 넣고 조리해서 먹는 요리, '냄비요리'를 말합니다.

일본인들이 보양식으로 먹는 나베요리를 알아볼까요? 스모 선수들이 고기나 야채 등 여러 가지 재료를 넣어서 만드는 나베요리를 챵코나베(ちゃんこ鍋)라고 합니다. 공동생활을 하는 스모선수 중에 요리 당번을 챵코방(ちゃんこ番)이라고 하는데요. 요리의 이름도 여기서 유래했지요. 스모선수들은 챵코나베에 주로 닭고기를 넣었다고 하는데요. 돼지나 소처럼 네 발 달린 짐승이 바닥을 짚고 다니는 모습에서 패배한 모습이 떠올랐기 때문이라고 합니다.

후유노 나베료-리 冬の鍋料理 > 겨울 나베요리
토-텐 지만노 나베료-리 当店自慢の鍋料理
> 이 가게가 자신 있게 내세우는 나베요리

37. 오봉 おぼん・お盆

쟁반, 추석에 해당하는 일본의 명절

"식탁 위에 있는 오봉 좀 가져와."

　우리가 자주 쓰는 오봉은 '쟁반'이라는 뜻이지요. 새해 첫날인 오쇼-가츠(お正月)와 함께 한국의 추석이라고 할 수 있는 일본 최대의 명절도 오봉이라고 합니다. 8월 15일 전후로 보내는 긴 휴가는 오봉야스미(お盆休み)라고 합니다. 야스미(休み)는 휴식이나 쉬는 시간, 휴일 등을 뜻합니다.

　　　　　　　나츠야스미 夏休み > 여름방학(휴가)
　　　　　　　후유야스미 冬休み > 겨울방학(휴가)
　스텐레스노 오봉 ステンレスのおぼん > 스테인리스 쟁반

38. 카기 かぎ · 鍵

열쇠

예전에는 한국에서도 '열쇠'를 카기라고 하는 사람이 많았지요. 카기는 '문을 열고 잠그는 도구'라는 뜻 외에도 '문제를 해결하는 핵심 수단'의 의미로도 쓰입니다. 우리말 열쇠와 마찬가지로요. 최근에는 스마트폰과의 거리에 따라 자전거의 잠금 장치가 잠기거나 풀리는 자전거용 스마트키도 등장했습니다.

열쇠는 일본어로도 다양하게 표현할 수 있습니다.

스마ー토키ー スマートキー > 스마트키
스마ー토카기 スマート鍵 > 스마트 열쇠
스마ー토롯끄 スマートロック > 스마트록
카ー도키ー カードキー > 카드 형태 열쇠
렝아이 세ー코ー노 카기 恋愛成功の鍵 > 연애 성공의 열쇠

호테르노 카기가 나이 ホテルの鍵がない > 호텔 열쇠가 없어

39. 츠메키리 つめきり · 爪切り

손톱깎이

츠메키리는 '손톱'인 츠메(爪)와 '자르다'는 뜻의 키리(切り)를 합친 말입니다. '손톱이 자라다'는 츠메가 노비르(爪が伸びる)라고 하는데요. 일본에서는 '욕심이 많다'는 뜻의 관용구입니다. 손톱이 많이 자라면 다른 사람에게 상처를 주게 되고, 자신도 고통받을 일이 생길지도 모른다는 뜻에서 하는 말이지요. 요즘은 사람뿐만 아니라 반려동물을 기르는 사람들에게도 강아지, 고양이용 츠메키리가 필수품이지요.

이누요-츠메키리 犬用爪切り 〉 강아지용 손톱깎이
네코요-츠메키리 猫用爪切り 〉 고양이용 손톱깎이
니혼세- 코-큐- 츠메키리 日本製高級爪切り
〉 일본제 고급 손톱깎이

츠메키리타이 爪切りたい 〉 손톱 깎고 싶어

40. 아시바 あしば · 足場

발판, 기반, 교통편, 길

공사장에서 사용하는 '발판'을 아시바라고 하죠? 일본에서는
이 밖에도 교통편, 길 등의 의미로도 사용합니다. '교통편이
좋다', '궂은 날씨로 길이 불편하다'라는 식으로 쓰지요.

타이후-데 아시바가 와르이 台風で足場がわるい
> 태풍 때문에 길이 좋지 않다

코노 아시바와 아부나이 この足場は危ない
> 이 발판은 위험해

41. 키즈 きず・傷

흠, 흠집, 상처 (기스×)

"앗, 기스 났다!"

어딘가에 상처나 흠집이 났을 때, 나도 모르게 튀어나오는 표현이지요? 기스는 일본어에서 온 말인데요. 원래 발음은 키즈입니다. '상처가 났다'는 키즈가 츠이따(傷がついた)라고 합니다. '흠이나 결함이 있는 물건'은 키즈모노(傷物)입니다.

키즈츠이따 코코로 傷ついた心 > 상처 난 마음
코코로노 키즈 心の傷 > 마음의 상처

코꼬니 키즈가 아리마스 ここに傷があります
> 여기에 흠집이 있어요

42. 신핑 しんぴん · 新品

새것

아직 소비자에게 판매되지 않은 '새 제품'을 신핑이라고 합니다. 그동안 선보이지 않았던 '새롭게 출시된 제품'일 수도 있고요. 회사나 단체에 이제 갓 들어온 '새로운 사람'을 지칭하는 속어도 신핑입니다. 신핑의 반대말은 중고품, 츄-코힌(中古品)입니다.

 신핑뉴-카 新品入荷 > 신품입하

 코레와 신핑데스까? これは新品ですか？
> 이거 새 제품인가요?

코레와 츄-코힌데스 これは中古品です
> 이건 중고품입니다

43. 쿠사리 くさり · 腐り

썩음, 상함, 타락함

"나 쿠사리 먹었다."

쿠사리는 '썩음'이라는 뜻의 일본어입니다. 이 문장을 우리 말로 옮겨보면 '나 썩은 걸 먹었다'가 되는 거죠. 한국에서는 '핀잔'이나 '꾸중' 등의 의미로 사용합니다.

쿠사리는 쿠사르(腐る)의 명사형인데요. 과거형 쿠삿따(腐った)는 썩은 음식을 가리킬 때도 쓰지만 정치나 언론의 부패를 말할 때도 자주 사용합니다.

쿠삿따 링고 腐ったりんご > 썩은 사과
쿠삿따 세-지 腐った政治 > 썩은 정치

니크가 쿠사리마시따 肉が腐りました
> 고기가 썩었어요

44. 텡캉 てんかん · 癲癇

간질 (뗑깡×)

"뗑깡 좀 부리지 마!"

원하는 것을 해달라고 억지스럽게 조를 때 뗑깡을 부린다고 하지요. 일본어인 텡캉의 뜻과는 큰 차이가 있습니다. 텡캉은 '간질'을 의미합니다. 발작 증상을 보이는 모습이 생떼를 부리며 조르는 모습과 비슷하다는 데서 유래했다고 합니다. 웬만해서는 쓸 일이 없겠죠?

'생떼 부리다'는 표현은 일본어로는 나이모노네다리(無い物ねだり)입니다. 나이모노(無い物)는 말 그대로 '없는 것'이라는 뜻입니다. 네다리(ねだり)는 '조르다'는 뜻인 네다르(ねだる)의 명사형입니다. 즉 '안 되는 것을 무리하게 조르다'는 뜻이지요. 비슷하게 와가마마(わがまま)라는 표현은 '제멋대로 굴다'라는 뜻입니다.

'나이모노네다리'와 '와가마마'가 함께 쓰인 유명한 노래가 있습니다. 일본의 록그룹 카나붕(KANA-BOON)의 노래〈나이모노네다리〉는 이렇게 시작합니다.

이츠닷떼 와가마마밧카데 코도모 미타이네

いつだってわがままばっかで 子供みたいね

> 언제나 어리광뿐 어린애 같잖아

키미닷떼 나이모노네다리 나니가 호시이노? 오시에떼~

君だってないものねだり 何が欲しいの? 教えて~

> 너야말로 생떼만 부리지. 뭐가 갖고 싶은 거야? 가르쳐줘~

45. 데코보코 でこぼこ · 凸凹

울퉁불퉁

사건현장에서 맹활약하는 데코보코 콤비! 티격태격 다투면서
도 어떻게든 사건을 해결하는 형사 콤비는 일드에도 자주 등
장하는 소재입니다. 여기서 데코보코란 '성격이나 외모가 어
울리지 않는' 두 사람의 다른 모습을 나타낸 것이지요. 그런
친구들을 데코보코 토모다치(凸凹友だち), 부부를 데코보코
후-후(凸凹夫婦)라고 합니다.

　데코보코는 '울퉁불퉁'이라는 뜻인데요. 특이하게도 '사람'
을 뜻하는 히토(人)나 '산'을 뜻하는 야마(山)처럼 불쑥 튀어
나오거나 움푹 들어간 상형문자로 이루어졌습니다.

나가이 데코보코미치 長い凸凹道 > 긴 울퉁불퉁한 길
데코보코 키-보-도 凸凹キーボード > 울퉁불퉁 키보드

46. 보로 ぼろ · 襤褸

누더기, 고물, 결점

"저질 체력 다 뽀록났어."

무언가 숨기고 싶은 사실이나 거짓이 드러났을 때 '뽀록났다'고 하지요? 뽀록은 일본어 '보로'에서 온 말인데요. 보로는 자동차나 옷 등 물건이 낡았다고 할 때 사용합니다. 보로보로(ぼろぼろ)라고 하면 '너덜너덜'로 옮길 수 있습니다. 지친 마음을 표현할 수도 있고, '결점'이라는 뜻도 있는데요. 보로오다스(ぼろをだす)라고 하면 '결점을 드러내', '실패하다'라는 뜻입니다. 한국에서 쓰고 있는 '뽀록'의 의미와 비슷하지요?

우츠쿠시- 보로쟈켓토 美しいぼろジャケット
> 아름다운 누더기 재킷
보로구르마 ぼろ車 > 고물차

멘타르 보로보로데스 メンタルぼろぼろです
> 정신이 피폐해졌습니다

47. 잇파이 いっぱい · 一杯

가득, 한 잔

잇파이는 맥주를 가득 따를 때만 쓰는 게 아닙니다. 배가 부르다거나 사람이 많다고 할 때도 잇파이를 씁니다.

오나카 잇파이 お腹いっぱい > 배불러

히토가 잇파이 人がいっぱい > 사람이 많아

잇파이에는 '한 잔'이라는 뜻도 있습니다. 술을 잘 못 마시거나 일찍 빠져나오고 싶은 회식에서 유용하게 활용해보세요.

잇쇼니 노미마쇼ー! いっしょに飲みましょう!
> 같이 마셔요!

데와 잇파이다케 では一杯だけ > 그럼 한 잔만

쿄ー 잇파이 도ー데스까? 今日一杯どうですか?
> 오늘 한 잔 어때요?

48. 카라 から · 空

비어 있는 상태, 거짓, 헛됨 (가라×)

"저거 가라 아니야?"

우리는 주로 '가짜', '거짓'의 뜻으로 '가라'를 쓰고 있지요. 일본어 '카라'에서 온 말입니다. '일본의 노래방'인 카라오케봇크스(カラオケボックス)에서 카라(カラ)는 '비어 있다'는 뜻인데요. 오케(オケ)는 '오케스트라'인 오-케스토라(オーケストラ)를 줄인 말입니다. 봇크스(ボックス)는 '박스'이고요. 즉 '비어 있는 오케스트라 박스'를 줄여서 카라오케라고 하지요.

요즘 일본에서 카라오케는 공부하는 곳으로도 인기를 끌고 있습니다. 도서관은 너무 조용하고, 카페는 오래 앉아 있자니 눈치가 보여서 눈을 돌린 곳이 카라오케입니다. 공부를 하다가 수다를 떨기도 하고, 심심할 땐 노래를 부르기도 합니다. 카라오케에서 하는 공부를 카라벤(カラベン)이라고 하는데요. 벤은 '공부'를 뜻하는 벵쿄-(勉強)의 앞부분을 딴 것입니다.

 사이후모 포켓토모 카라데스 財布もポケットも空です
> 지갑도 주머니도 비었습니다

49. 유토리 ゆとり

여유 (유도리×)

"넌 유도리가 없어."

융통성이 없는 사람에게 '유도리가 없다'라고 하지요. 유도리는 일본어 유토리에서 왔는데 주로 '여유'라는 뜻으로 씁니다. 학교 수업시간을 대폭 줄인 일본의 공교육 제도를 유토리쿄-이크(ゆとり教育 · 유토리 교육)라고 하고, 이 교육을 받은 세대를 유토리세다이(ゆとり世代 · 유토리 세대)라고 합니다. 유토리 세대는 창의력과 자율성을 우선시하는 교육을 받아왔는데요. '학력 저하 세대' 또는 '끈기가 없다'라는 인식이 강하기도 합니다. 이러한 분위기를 반영한 〈유토리입니다만, 무슨 문제 있습니까?〉라는 드라마가 만들어지기도 했죠.

유토리가 아리마셍 ゆとりがありません
> 여유가 없어요

유토리오 못떼 쿠다사이 ゆとりを持ってください
> 여유를 가지세요

'여유'를 뜻하는 일본어가 또 있습니다. 여유를 그대로 발음한 요유-(余裕)입니다.

 요유-가 나이 余裕がない > 여유가 없어

'융통성이 없다'고 할 때는 유토리가 아닌 유-즈-(融通)를 씁니다. '융통'을 일본어로 발음한 겁니다.

 유-즈-가 키카나이 히토 融通が利かない人
> 융통성이 없는 사람

유-즈-는 일본의 아르바이트 모집 광고에서도 자주 볼 수 있습니다. 일하는 시간이나 요일, 기간 등을 융통성 있게 조정할 수 있다는 의미에서 다음 예문처럼 써놓는 곳이 많습니다.

 유-즈- 키키마스 融通利きます > 융통(조정) 가능합니다

50. 사라 さら·皿

그릇

앞사라, 식사라, 찬사라…. 요즘은 많이 줄었지만 일본어 '사라'를 오랫동안 사용해왔습니다. 우리말의 접시나 그릇보다 쓰임새가 더 많았지요.

코자라 小皿 > 앞접시
히토사라 一皿 > 한 접시
하이자라 灰皿 > 재떨이
사라아라이 皿洗い > 설거지, 설거지를 하는 사람

　사라는 손님을 접대하는 경우에 사용하기 때문에 앞에 존경의 오(お)를 붙여 쓰는 경우가 많습니다. '접시 좀 주세요'라고 할 때 오사라 쿠다사이(お皿ください)라고 하는 것처럼요. 여기서 음식점에서 간단히 쓸 수 있는 표현을 알아볼까요?

오사라오 사게떼 쿠다사이 お皿を下げてください
> 그릇 좀 치워주세요(음식을 먹고 난 뒤 테이블 정리를 부탁하고 싶을 때)

코자라오 오네가이시마스 小皿をお願いします

> 작은 접시 부탁합니다(덜어 먹을 접시가 필요하다면)

교–자 히토사라 오네가이시마스 餃子一皿お願いします

> 만두 한 접시 부탁합니다(음식 한 접시를 추가할 때)

하이자라 아리마셍까? 灰皿ありませんか?

> 재떨이 없습니까?(담배를 피우고 싶을 때)

51. 콧푸 コップ

컵 (고뿌×)

"고뿌 좀 주세요."

'고뿌'라는 말 들어보셨나요? 액체를 담는 용기를 말할 때 쓰는 말이죠. 고뿌는 일본어 '콧푸'에서 온 말입니다. 콧푸는 네덜란드어 kop를 일본어로 발음한 것인데요. 그런데 이 단순한 컵이 좀 헷갈립니다. 콧푸가 있는가 하면 캇푸(カップ)도 있고, 가라스(ガラス·유리)가 있는가 하면 그라스(グラス·유리컵)도 있기 때문이지요.

캇푸는 손잡이가 달린 콧푸를 말합니다. 마그캇푸(マグカップ·머그컵)는 손잡이가 달려 있기 때문에 캇푸입니다. 그라스는 가라스(유리)로 만든 손잡이가 없는 콧푸이지요. 와인그라스(ワイングラス)는 손잡이가 없기 때문에 그라스에 속합니다. 모두 콧푸 안에 포함되지만 손잡이 유무나 소재에 따라 명칭이 달라지는 겁니다.

그런데 예외가 있습니다. 컵라면을 뜻하는 캇푸멘(カップメン)은 손잡이가 없는데 왜 캇푸라고 한 걸까요? 캇푸멘이 처

음 생겼을 때 미국에서 코-히-캇푸(コーヒーカップ · 커피잔)에
라-멘을 먹고 있는 모습을 보고 캇푸멘이라고 이름을 붙였다
고 합니다.

카미콧푸노 코-히- かみコップのコーヒー
> 종이컵 커피

쵸코캇푸케-키 チョコカップケーキ > 초콜릿 컵케잌

콧푸가 타리나이데스 コップが足りないです
> 컵이 부족해요

52. 소데나시 そでなし · 袖無し

소매가 없는 민소매 옷

소데(そで)는 '소매'를 가리키는데 여기에 '없음'이라는 뜻의
나시(無し)를 붙여 '소매 없는 옷', 소데나시가 됐습니다. '길
다'는 뜻의 나가이(長い)를 붙이면 나가소데(長そで), 즉 '긴 소
매'가 되고, '절반'을 뜻하는 한(半)을 붙이면 한소데(半そで),
'반소매' 옷이 됩니다. 따라서 소매의 길이대로 나열해보자면
나가소데 → 한소데 → 소데나시 순입니다.

소데나시 완피-스 袖無しワンピース > 민소매 원피스
카-디간또 한소데와이샤츠 カーディガンと半そでワイシャツ
> 카디건과 반소매 와이셔츠

모- 나가소데와 아츠이 もう長そではあつい
> 이제 긴 소매는 더워

53. 즈봉 ズボン

바지 (쓰봉×)

요즘은 쓰봉이라 하면 쓰레기봉투를 떠올리는 사람도 많을 겁니다. 예전에 많이 쓰던 말인 쓰봉은 바지를 가리켰는데요, 일본어 '즈봉'에서 왔습니다. 스커트 안에 입는 속치마 페티코트를 뜻하는 프랑스어 jupon에서 유래했다고도 하고요. 다리를 바지에 집어넣을 때 나는 소리가 '즈봉'과 비슷해서 그렇게 부르기 시작했다는 설도 있습니다.

바지는 영어 pants를 써서 판츠(パンツ)라고도 합니다. 판츠에서 '속옷'을 뜻하는 시타기(下着)를 떠올리는 사람들이 있는가 하면, 영어의 영향을 많이 받고 자란 젊은 세대는 주로 바지를 떠올린다고 하지요.

 코도모요-즈봉 子供用ズボン > 어린이용 바지

 한즈봉모 미세떼 쿠다사이 半ズボンも見せてください
> 반바지도 보여주세요

54. 몸뻬 もんぺ

밭일을 할 때 입는 여성용 바지

우리가 '몸뻬'라 하는 몸뻬는 일본여성의 작업복으로 헐렁하게 만들어진 편안한 바지를 뜻합니다. 2차대전 때 전시물자가 부족해지자 일본정부가 몸뻬 보급 운동을 벌이면서 사람들이 반강제로 입게 된 적도 있습니다. 당시에 한국으로도 건너왔지요.

농사일을 할 때나 집에서 몸뻬를 즐겨 입는 사람이 여전히 많은데 디자인보다는 편안함 때문이겠지요? 국립국어원에서는 '일 바지'나 '왜바지'로 순화해서 쓸 것을 권고하고 있습니다.

비슷한 발음의 신조어도 있습니다. 보육원이나 학교에 상식 밖의 요구를 하고 거세게 불만을 제기하는 부모를 몸뻬라고 합니다. 몬스타-페아렌토 (モンスターペアレント · monster parent)를 줄인 표현이지요. 저출산으로 인한 과잉보호의 부작용으로 받아들여지고 있습니다.

또한 아이돌의 과잉 여성팬이나 애니메이션 캐릭터에 맹목적인 애정을 쏟는 오타쿠 여성팬에게도 같은 별명이 따라다

님니다. 자신의 정체성을 드러내기 위해 자칭 몸페라고 하는 경우가 많지요. 이 밖에도 병원에 과도한 요구를 하는 몬스타-페이션토(モンスターペイシェント · monster patient) 역시 줄여서 몸페라고 합니다.

오바-상노 몸페 お祖母さんのもんぺ > 할머니의 몸페

아이도르 몸페데스 アイドルモンペです
> (저는) 아이돌 몸페입니다

얏파리 몸페가 라크! やっぱりもんぺが楽!
> 역시 몸페가 편해!

55. 란닝그 ランニング

달리기, 러닝셔츠 (난닝구×)

"난닝구 바람으로 어딜 가니?"

꼭 사투리 같지요? '남자 속옷'을 가리키는 난닝구는 일본어 란닝그에서 온 말입니다. 아니, 정확히는 running에서 온 말이지요. 란닝그는 란닝그샤츠 (ランニングシャツ)의 줄임말로 여기에서 샤츠는 shirt의 일본어 발음입니다.

란닝그샤츠는 운동할 때 입는 윗옷을 말하는 건데 옷의 생김새 때문에 속옷도 가리키게 됐지요. 일본에서도 란닝그라고 하면 아저씨의 난닝구를 떠올리는 사람들이 있으니 주의하세요.

 란닝그와 소데나시노 시타기 ランニングは袖無しの下着
> 란닝그는 소매 없는 속옷

 란닝그시마쇼ー ランニングしましょう
> 달리기해요

56. 쟘파- ジャンパー

잠바, jumper의 일본어 발음

"추운데 잠바 입어야지."

잠바는 길이가 길지 않고, 활동성이 좋은 웃웃을 말하는데요. 일본어 쟘파-에서 넘어온 말입니다. 오사카 등 일부 지역에서는 쟘바-라고 발음하는 곳도 있습니다. jacket의 일본어인 쟈켓토(ジャケット)라고 해도 문제는 없습니다. 잠바는 우리나라에서도 오랫동안 쓰이면서 표준어로 인정됐습니다.

멘즈쟘파- メンズジャンパー > 남성용 잠바
핑크이로쟘파- ピンク色ジャンパー > 핑크색 잠바

57. 코-자 こうざ · 口座

계좌 (구좌×)

"구좌번호 좀 알려줘."

구좌번호? 어디선가 들어본 듯하지요? 우리말로 '계좌'를 뜻하는 구좌는 일본어 코-자가 변형된 말입니다.

일본에서도 은행이나 우체국에서 통장을 만들면 되는데요. '은행'은 긴코-(銀行), '우체국'은 유-빙쿄크(郵便局)라고 합니다. '통장'은 츠-쵸-(通帳)입니다. 계좌를 만들 때는 '개설하다'를 써서 코-자오 카이세츠스르(口座を開設する)라고 하거나 '열다'를 써서 코-자오 히라크(口座を開く)라고 합니다.

 코-자방고- 口座番号 > 계좌번호

 코-자오 히라키타이데스 口座を開きたいです
> 계좌를 열고 싶어요

58. 요-이동 よういどん・用意ドン

준비~땅 (요이 땅×)

"요~~이 땅!"

과거 학교 운동회 때 항상 들어왔던 정체불명의 표현이지요. 요-이(用意)는 '준비'를 뜻하는 일본어입니다. 일본에서는 '요-이동!'이라고 하는데요. 동(ドン)은 우리말로 '쾅', '쿵' 정도로 생각하면 됩니다. '북소리'나 '총소리', '대포소리' 등을 나타내는 표현이지요.

그런데 일본어에는 쥰비(準備)라는 단어가 또 있습니다. 한국어 '준비'와 발음도 뜻도 똑같지요. 또 일상생활에서 자주 쓰는 시타크(支度)라는 말도 '준비'라는 뜻입니다. 요-이, 쥰비, 시타크. 세 단어는 뜻은 비슷하지만 미묘한 차이가 있습니다.

요르노 쇼크지노 시타크 夜の食事の支度
> 저녁식사 준비

요르노 쇼크지노 요-이 夜の食事の用意 > 저녁식사 준비

요르노 쇼크지노 쥰비 夜の食事の準備 > 저녁식사 준비

앞 세 문장의 의미는 모두 다릅니다.

'시타크'를 쓴 문장을 보면, 이미 저녁식사를 위한 준비가 거의 다 돼 있는 상태입니다. 간단한 요리를 시작하거나 상차림만 하면 되지요. 시타크는 구체적인 행동에 나서기 직전의 준비를 말합니다.

그다음 '요-이'를 쓴 문장에서는 조금 더 준비가 필요합니다. 장을 보는 단계 정도부터 사용할 수 있을 것 같습니다.

마지막 '쥰비'를 쓴 문장은 범위가 더 넓어지는데요. 세 문장 중에 가장 덜 된 상태입니다. 식사에 초대한 손님을 맞기 위해 청소를 하고, 메뉴를 고민하고…. 앞의 두 문장보다 더 큰 행사를 치르기 위한 일을 하는 거죠.

기본적으로는 모두 어떤 작업이나 행동에 대비해 미리 환경을 정리해두는 것을 얘기하지요? 시타크와 요-이는 물리적인 개념에 사용되지만 쥰비에는 각오가 담기기도 합니다.

 코코로노 쥰비와 데끼마시따 心の準備はできました
> 마음의 준비는 됐습니다

시고토 요-이동! 仕事用意ドン! > 일 준비~땅!

59. 시마이 しまい・仕舞い

끝, 마지막, 품절

"일찍 시마이 하고 퇴근하자."

　시마이는 '끝내다'는 뜻입니다. 시마이는 주로 앞에 '오'를 붙여서 사용하는데요. 영업을 끝낼 채비를 하고 있는 음식점에 들어가면 오시마이(お仕舞い)를 실제로 들어볼 수도 있습니다.

　동사 시마우(仕舞う)는 '끝내다', '마치다'라는 뜻인데요. 실수를 했을 때 시마우의 과거형 시맛따(しまった)를 사용합니다. 저질렀다! 아차! 아뿔싸! 같은 느낌이지요. SNS에서 장난처럼 아(あ)를 과도하게 여러 번 붙여 내용을 강조하기도 합니다.

모- 오시마이데스　もうお仕舞いです
> (영업은) 이제 끝났습니다

카레시모 렝아이모 오시마이　彼氏も恋愛もお仕舞い
> 남자친구도 연애도 끝

아, 시맛따아아아아!　あ、しまったああああ!
> 아, 저질러버렸다아아!

오시마이데스!!

사요나라!

땡퇴… 퇴근…?

늘 정해져 있는 것 (오케바리×)

스시 이야기를 좀 해볼까요? 규칙대로 하는 걸 좋아하는 일본 스시 가게에도 주문 방식이 정해져 있습니다. 그중 하나가 오키마리 주문이지요.

오키마리는 초밥의 개수와 종류가 미리 정해져 있는 메뉴로 초보자에게는 가장 간단한 주문 방법입니다. '이미 결정돼 있다'는 오키마리의 뜻처럼 가게가 미리 정해놓은 메뉴를 선택하는 겁니다.

오코노미(お好み)는 '취향'입니다. 손님이 먹고 싶은 스시를 마음대로 주문하는 것이죠. 이타마에(板前·요리사)에게 제철 생선이 뭔지, 무엇이 싱싱한지, 이것저것 물어보면서 주문해볼 수 있습니다. 오키마리 메뉴에 포함된 스시라도 오코노미로 먹으면 가격이 올라갈 수 있습니다.

'나는 이타마에를 믿고 맡기겠다.' 그렇다면 오마카세(お任せ)도 있습니다. '맡긴다'는 뜻이지요. 어떤 스시를 먹을지 선택을 맡기는 겁니다. 당연히 고급스러운 스시가 올라오겠죠?

함부로 오마카세 메뉴를 주문했다가는 큰일이 날 수도 있습니다.

 오마카세데 오네가이시마스 お任せでお願いします
> 오마카세로 부탁합니다

오키마리는 '상투적이다', '뻔하다'라는 뉘앙스를 담고 있는 경우도 있습니다.

 오키마리노 아이사츠 お決まりの挨拶
> 상투적인 인사
오키마리노 세리후 お決まりのせりふ > 뻔한 대사

음식점에서 종업원이 주문을 받을 때도 잘 사용하는 표현을 알아볼까요?

 츄―몬와 오키마리데스까? 注文はお決まりですか?
> 주문은 결정하셨습니까?

61. 분파이 ぶんぱい · 分配

분배, 나눔 (뿜빠이×)

"뿜빠이 할까?"

함께 나눠서 낸다는 뜻이지요. 더치페이를 뜻하는 와리캉과 같은 뜻으로 쓰는 경우가 있지만 좀 다릅니다. 한자어 '분배'를 떠올려보면 쉽게 이해할 수 있지요. 같이 밥을 먹고 나서 계산할 때 '우리 분배할까?'라고 하면 좀 이상하지요?

와리캉과 같은 뜻으로는 베츠베츠(べつべつ)를 많이 사용합니다. '따로따로'라는 뜻으로 음식점에서 계산할 때 자주 들을 수 있습니다.

베츠베츠니 시마스까? べつべつにしますか?
> 따로따로 하시겠습니까?

베츠베츠데 오네가이시마스 べつべつでお願いします
> 따로따로 부탁드립니다

오카네노 분파이 お金の分配 > 돈의 분배

나는 아니메파? 일드파?

일본에 한 번도 가보지 않은 중고등학생 친구들과 우연찮게 일본 이야기를 하게 되는 경우가 종종 생깁니다. 그들이 대화 도중에 장난삼아 일본어를 쓰기 때문인데요. 단어 몇 개에 불과해도 발음이 매우 좋아서 놀란 적이 한두 번이 아닙니다. 현지 경험도 없이 훌륭한 일본어를 쓰는 친구들의 선생님은 다름 아닌 애니메이션, 즉 아니메입니다. 아니메의 인기는 말할 필요도 없겠지요. 비교적 쉬운 일본어가 많고, 영상이 제작된 뒤에 성우들이 따로 녹음하기 때문에 발음이 깨끗하고 정확합니다.

'자, 일본어 공부에 좋다니 나도 한번?' 이렇게 생각하고 준비 없이 시작했다가는 시간을 허비하기가 쉽고 효율적이지도 않습니다. 엉뚱한 아니메를 골랐다가 일본어는 건너뛰고 바로 오타쿠의 세계로 들어서게 될지도 모르지요. 더욱이 아니메의 세계가 워낙 넓어서 평소에 관심이 없던 사람이라면 도대체 어떤 것부터 봐야 할지 감을 잡기가 쉽지 않습니다.

실패할 확률이 적은 아니메 & 일드 학습법을 몇 가지 알려드릴게요.

1. 가장 쉬운 건 테레비아니메(テレビアニメ)

텔레비전으로 보는 아니메를 몇 개 추천해드립니다. 초등학교 3학년 여자아이와 그 가족, 친구들의 일상을 그린 〈치비마루코짱(ちびまる子ちゃん)〉은 일본의 국민 아니메입니다. 발랄하고 엉뚱한 꼬마 치비마루코짱을 중심으로 이야기가 펼쳐지지요. 역시 장수 아니메인 〈사자에상(サザ エさん)〉도 일본어 학습을 위한 입문으로는 좋습니다. 여기서는 가정주부인 사자에상이 주인공으로 등장합니다. 두 작품 모두 가족 이야기를 다루고 있는데요. 다양한 연령의 인물이 골고루 등장하기 때문에 연령별 어휘에 일상에서 쓸 만한 경어를 익히기에도 좋습니다.

2. 워밍업이 끝났다면 극장판 아니메로

초급 수준의 어휘를 어느 정도 익혔고, 테레비아니메의 대화도 어느 정도 알아듣게 됐다면 본격 극장판 아니메로 넘어가볼까요?

아니메의 전설적인 존재이자 지브리 스튜디오의 창립자 미야자키 하야오의 작품은 인간과 자연, 여성과 동심과 같은 키워드를 바탕에 깔고 있습니다. 그러면서도 묵직한 메시지를 전달하지요. 〈천공의 성 라퓨타〉, 〈이웃집 토토로〉, 〈센과 치히로의 행방불명〉, 〈하울의 움직이는 성〉, 〈벼랑 위의 포뇨〉… 동화 속으로 들어온 듯한 아름다운 배경을 보는 것만으로도 힐링이 됩니다. 비슷한 주제와 철학, 스타일의 작품들을 쭉 이어서 보는 게 일본어와 친해지기에 좋겠죠?

섬세한 감성과 영상미에 끌린다면 〈시간을 달리는 소녀〉, 〈초속 5센티미터〉, 〈언어의 정원〉 등을 추천합니다. 미야자키와 함께 아니메의 거장으로 자리잡은 호소다 마모루와 신카이 마코토의 작품들이지요. 한국에서도 큰 인기를 끌었습니다.

3. 시대극으로 딱딱한 일본어도

일본어도 좋지만 난 도저히 만화 취향은 아니다! 이런 분들은 일드의 세계가 기다리고 있습니다. 일드는 장르와 소재가 매우 다양해서 여러 작품들을 두루 접해볼 필요가 있습니다. 먼저 재미를 느껴야 공부를 하고 싶은 의지도 생기는 거죠.

한국과 따로 떼어내서 생각하기 어려운 일본의 역사에 관심이 있다면 〈료마전〉 같은 NHK 대하드라마 중에서 찾아보면 어떨까요? 재미만 느낀다면 48회나 되는 만큼 당분간 심심할 걱정은 없습니다. 매회가 끝날 때마다 인물이 태어난 곳 등 역사적 장소의 현재 모습도 소개합니다. 그렇지만 옛말을 주로 쓰기 때문에 일본어의 벽이 높은 건 사실인데요. 시대를 좀 건너뛰어 볼까요?

2차대전 패전은 일본사회를 통째로 바꿔놓은 사건이지요. 그리고 경제 대국으로 올라서기까지 이 격동기의 일본사회를 들여다본 드라마도 흥미진진합니다. 배우들의 대사에서는 정치, 경제와 관련한 딱딱한 어휘들이 많이 나오는데요. 한자어라고 피해서는 안 됩니다. 우리말과도 발음이 비슷한 이 한자어들이 조금만 지나면 오히려 더 쉽게 느껴질 겁니다.

패전 후 일본 경제성장기 관료들의 이야기를 다룬 〈관료들의 여름〉. 쇼와 20년부터 쇼와 40년까지, 매회마다 시대적 배경에 대한 간략한 설명으로 드라마를 시작합니다.

쇼-와니쥬-넨, 다이니지세카이타이센 하이센데…

昭和20年、第二次世界大戦 敗戦で…

> 쇼와 20년, 제2차 세계대전 패전으로…

일본의 국민배우 기무라 타쿠야 주연으로도 잘 알려진 〈화려한 일족〉의 시대적 배경 또한 일본의 고도 경제성장기인데요. 재벌가 일족에 얽혀 있는 사랑과 증오를 잘 그려낸 대작입니다. 역시 깔끔한 목소리와 발음의 내레이션이 드라마를 이끌어갑니다.

코-도케-자이세-쵸-노 지다이…

高度経済成長の時代…

미국의 오키나와 일본 반환과 관련한 드라마도 있습니다. 일본정부의 기밀을 폭로한 신문기자의 실화를 바탕으로 한 〈운명의 인간〉 또한 비슷한 시대 이야기입니다. 남자 주인공인 모토키 마사히로가 직접 내레이션을 맡았습니다.

센큐–햐크욘쥬–고넨 다이니지세카이타이센 맛키…

1945年 第二次世界大戦 末期…

> 1945년 제2차 세계대전 말기…

어떤가요? 드라마 세 편의 비슷한 분위기가 대략 그려지지 않나요? 근대 이후의 일본을 살펴보는 큰 스케일의 드라마들이지요. 이처럼 시대를 관통하는 이야기를 다룬 드라마는 내용이 계속 이어지면서 몰입도도 높을 수밖에 없습니다. 대사도 비교적 또박또박 정확합니다. 같은 속도와 발음으로 매회 반복되는 비슷한 내레이션만이라도 조금만 참고 잘 들어보세요. 점점 잘 들리게 되고, 간단한 부분은 외워지기도 할 겁니다. 그것만으로도 어휘 몇 개는 자기 것으로 만들 수 있습니다.

4. 내레이션이 있는 드라마

꼭 이런 무거운 장르가 아니더라도 짧게나마 내레이션이 있는 드라마가 일본어를 공부하는 데는 더 도움이 됩니다. 이 책 뒷부분에서 다루는 〈심야식당〉이나 〈99.9 형사전문변호사〉도 그런 경우이지요.

일본어를 전혀 몰라도 많은 일드 시청자가 이미 익숙하게 느끼는 문구가 있습니다. "코노 방그미와~"라고 하면 기억나시나요? 제공 크레디트, 일본어로는 테-쿄- 크레짓토(提供クレジット)라고 합니다. 프로그램 협찬 기업을 명시하는 것이지요.

코노 방그미와 고란노 스폰사ー노 테ー쿄ー데 오ー쿠리시마스

この番組はご覧のスポンサーの提供でお送りします

> 이 방송은 다음 스폰서의 제공으로 보내드립니다

오다기리 조 주연의 〈시효경찰〉에서도 매회 내레이션이 나오는데요. 시효가 다 된 사건을 취미로 수사한다는 소재와 내레이션도 독특한 데다 문장 구조 또한 매우 간단해서 오랫동안 기억에 남습니다. 단, 부탁드릴 게 있습니다. 처음에 딱 한 번만 사전을 찾아보세요. 시효는 지코ー, 사건은 지켄, 취미는 슈미, 수사는 소ー사, 남자는 오토코… 외우지 말고 한 번씩 음미하면서 읽어보기만 하세요. 드라마를 보면서 저절로 외워질 테니까요.

2.
일본어야?
우리말이야?

-한번에 외워지는
우리말과 비슷한 일본어

무리·운도-·센세…… 뭐가 우리말이고 뭐가 일본어지?! 딱 봐도 알 만한 일본어, 어딘지 모르게 비슷한 일본어, 한 번만 보면 감잡히는 일본어를 알아봅니다. 쓱 읽기만 해도 활용도 급상승!

1. 츄-몬 ちゅうもん · 注文

주문

"도대체 왜 이렇게 주문이 많아?"

음식점에서 음식을 시킬 때도 주문이라고 하지만 '요구'라는 뜻으로도 사용합니다. 이런 제목의 드라마도 있었지요. 〈아라운도 호-티- 츄-몬노 오-이 온나타치(Around40 注文の多いオンナたち)〉.

아라운도 호-티-(アラウンドフォーティー · around forty)는 '40대 전후의 여성'을 뜻합니다. 드라마가 성공하면서 이를 줄인 아라호-(アラフォー)라는 신조어도 탄생했습니다. 구매력이 높은 이 나이대의 여성을 겨냥한 상품과 서비스도 쏟아졌지요. 아라호-는 '30살 전후의 사람들'을 가리키는 표현인 아라사-(アラサー)에서 파생했는데요. 아라사- 역시 아라운도 사-티-(アラウンドサーティー · around thirty)의 줄임말입니다. 50살 전후의 사람들은 아라휘-(アラフィー) 또는 아라휘후(アラフィフ)라고 합니다. 아라운도 휘후티-(アラウンドフィフティー · around fifty)를 줄인 표현이지요.

아라호-에 들어서면 아무래도 고민이 깊어지기 마련인가 봅니다. 진정한 행복이란 무엇인지, 무엇을 선택해야 하는지… 행복을 위한 주문도 많아질 수밖에 없겠지요. 그래서 츄-몬노 오-이(注文の多い)라는 조건이 붙었습니다. '주문이 많다'는 뜻이지요. 온나타치(オンナたち)는 '여자들'입니다.

츄-몬시떼모 이-데스까? 注文してもいいですか?
> 주문해도 됩니까?

츄-몬와 난지마데데스까? 注文は何時までですか?
> 주문은 몇 시까지입니까?

2. 샤신 しゃしん · 写真

사진

일본에서도 친구들이나 연인끼리 스티커 사진을 참 많이 찍습니다. 게임센터에서, 유원지에서, 관광지에서 여전히 스티커 사진기를 쉽게 볼 수 있는데요. 스티커 사진 기계를 프린토쿠라부(プリント倶楽部)라고 합니다. 프린트 클럽, 즉 스티커 사진을 찍어서 인쇄하는 클럽이지요. 이를 줄여서 프리쿠라(プリクラ)라고 합니다. '스티커 사진'은 스텟카-샤신(ステッカー写真)이 아니라 프리쿠라샤신(プリクラ写真)이지요. 재미있는 스티커 사진을 찍고 싶다면 SNS에서 유행하는 프리쿠라포-즈(プリクラポーズ)를 찾아보는 것도 좋습니다.

쇼-메-샤신 証明写真 > 증명사진
탄죠-비파-티노 키넨샤신 誕生日パーティーの記念写真
> 생일파티 기념사진

샤신오 톳떼 쿠다사이 写真を撮ってください
> 사진을 찍어주세요

3. 켓콘 けっこん · 結婚

결혼

'없는 결혼.' 요즘 이런 결혼을 원하는 예비부부가 갈수록 늘고 있지요. 뭐가 없냐고요? 결혼식이나 피로연이 없는 '소박한 결혼'입니다. '없음'이라는 뜻의 나시(無し)와 '결혼'을 뜻하는 켓콘(結婚)의 콘(婚)을 합쳐 나시콘(ナシ婚)이라고 합니다. '나시'는 주로 카타카나로 표기하지요. 경제적인 어려움 때문이기도 하고, 합리적인 소비를 원하는 젊은이들이 늘면서 나시콘족이 늘고 있습니다.

'생겨버렸다 결혼'도 있습니다. '아기가 생겨서 하게 된 결혼'을 말하는데요. 데끼챳타 켓콘(できちゃった結婚)입니다. 과거에 드라마 제목으로도 쓰였지요. 줄여서 데끼콘(デキ婚)이라고 합니다. 이 책의 제목에도 쓰인 데끼르(できる)에는 '할 수 있다'라는 뜻도 있고, '생기다'라는 뜻도 있습니다.

켓콘시떼이마스까? 結婚していますか? > 결혼했습니까?

보쿠또 켓콘시떼 쿠다사이 僕と結婚してください
　　　　　　　　　　　　　　　　> 저와 결혼해주세요

결혼과 관련된 표현들을 좀 더 알아볼까요?

싱콘 新婚 > 신혼
미콘 未婚 > 미혼
키콘 既婚 > 기혼

싱콘료코─데스 新婚旅行です > 신혼여행입니다

마다 미콘데스 まだ未婚です > 아직 미혼입니다

와타시와 키콘데스 私は既婚です > 저는 기혼입니다

4. 도크신 どくしん・独身

독신

"오히토리화-스토 지다이(おひとりファースト時代)."

히토리는 '한 명', '혼자'라는 뜻입니다. 화-스토는 'first', '첫 번째'입니다. '혼자가 먼저인 시대', 즉 독신을 겨냥한 표현입니다. 그것도 40~50대 중년이면서 혼자인 여성, 미도르오히토리죠시(ミドルおひとり女子)가 타깃입니다. '중년'을 뜻하는 미도르는 middle의 일본어 발음이지요.

한 연구소는 2030년쯤이면 일본의 인구 절반이 독신이 될 거라 예측했습니다. 결혼을 위한 활동, 즉 구혼 활동을 콘카츠(婚活)라고 하는데요. 중년의 구혼 활동인 미도르 콘카츠(ミドル婚活)가 늘고, 50대에 결혼을 하는 아라휘-콘(アラフィー婚)도 늘고 있다고 합니다.

 도크신죠세-노 도크신세-카츠 独身女性の独身生活
> 독신여성의 독신생활

 도크신슈기데스 独身主義です > 독신주의입니다

5. 카조크 かぞく · 家族

가족

'카'로 발음하는 家는 '집'을 의미합니다. 일본어 한자를 읽는 방법은 두 가지로 나뉩니다. '음독'과 '훈독'인데요. 음독은 한자 음 그대로 읽는 것이고, 훈독은 한자가 가진 뜻으로 읽는 것입니다. 家를 '카'로 읽는 것은 음독이지요. '가정'은 카테-(家庭), '가사'는 카지(家事)라고 합니다. 우리말과 발음이 비슷하지요?

카조크료코- 家族旅行 > 가족여행
카테-쿄-시 家庭教師 > 가정교사
카나이 家内 > 아내
오와라나이 카지 終わらない家事 > 끝없는 집안일
카몬노 코-에이 家門の光栄 > 가문의 영광

그럼 이번에는 훈독으로 읽어볼까요? 家를 '이에'나 '우치'로 발음하면 됩니다. 같은 한자, 같은 뜻인데 '이에'로도 읽고, '우치'라고도 읽는다? 헷갈리지요. 구분해보자면 심리적인 집

카조크 샤신

인지 물리적인 집인지에 따라 읽는 방법이 달라집니다. 아래 두 문장을 볼까요? 첫 번째 문장의 '우치'는 집이라는 뜻이지만 가정으로도 바꿔 쓸 수 있지요.

 우치데와 보쿠가 소−지시마스 家では僕が掃除します
> 우리 집에서는 제가 청소를 합니다

아타라시− 이에가 데끼마시따 新しい家ができました
> 새로운 집이 생겼습니다

일본의 한 식품회사에서 우치노 고항(うちのごはん) 시리즈를 내놓기도 했습니다. '우리 집 밥'이란 뜻으로 화학조미료를 쓰지 않은 집 밥의 이미지를 강조한 겁니다.

6. 젠젠 ぜんぜん · 全然

전혀, 정말

"젠젠 다이죠-부(全然大丈夫)."

　누군가 양해를 구하거나 미안해할 때 이렇게 말해보세요. 이 문장과 같은 제목의 영화도 있었지요. 4차원 남녀들의 잔잔한 일상을 그린 이 영화의 한국 개봉 당시 제목은 〈괜찮아, 정말 괜찮아〉였습니다.

　젠젠은 '정말'이나 '전혀'로 해석하는데요. 원래 부정형이 뒤따라와야 하지만 강조의 의미로 긍정형을 쓰기도 합니다. 발음 때문인지 어떨 때는 코믹한 느낌이 들기도 하고, 긍정이나 부정의 정도가 더 강하게 느껴지기도 합니다.

　젠젠 헤-키(全然平気)라는 표현도 젠젠 다이죠-부와 비슷하게 쓰입니다. 헤-키는 '태연하다'로 '전혀 아무렇지도 않다'는 뜻이지요. 젠젠과 마찬가지로 全을 쓰는 전부(全部)는 '젠부'로 발음합니다.

오사케 못토 노메마스까? お酒もっと飲めますか?

> 술 더 마실 수 있어요?

젠젠 헤-키데스! 全然平気です! > 아무렇지도 않아요!

니홍고 와카리마스까? 日本語分かりますか?
> 일본어 알아요?

젠젠 와카리마셍 全然分かりません > 전혀 몰라요

코레 젠부 쿠다사이 これ全部ください > 이거 전부 주세요

7. 쥬-뎅 じゅうでん · 充電

충전

한국에서는 카페나 음식점, 어디서든 휴대폰 충전을 부탁하기가 어렵지 않지요. 일본에서는 좀 다릅니다. 휴대폰을 충전하는 자리가 따로 마련된 곳이 없는데 충전을 해달라고 했다가는 종업원이 당황할지도 모릅니다. 그렇다고 말도 없이 전기를 쓰는 건 더더욱 안 됩니다. 일본에서는 비어 있는 콘센트를 사용하다가 전기 도둑으로 취급당하는 사람들이 꽤 있지요. 그래도 급하다면 물어볼 수는 있어야죠?

케-타이노 쥬-뎅 데끼마스까? 携帯の充電できますか?
> 휴대폰 충전 가능할까요?

쥬-뎅키가 아리마셍 充電器がありません > 충전기가 없어요

쥬-뎅, 쥬-분데스 充電、十分です > 충전, 충분합니다

타이료쿠 쥬-뎅 体力充電 > 체력 충전

117

8. 쥬-요- じゅうよう・重要

중요

"쥬-요-나 오시라세(重要なお知らせ)."

문이나 엘리베이터 같은 곳에서 자주 볼 수 있는 문구입니다. 쥬-요-(重要)는 '중요', 오시라세(お知らせ)는 '알림'으로 '중요한 알림'이라는 뜻이지요.

회사나 학교, 아파트 등 같은 공간을 사용하는 구성원들에게 무언가를 알릴 때 많이 쓰는 표현인데요. 물론 오시라세(お知らせ)라고만 해도 됩니다. 쵸-(超)를 붙여서 쵸-쥬-요-(超重要·매우 중요)라고 쓸 수도 있고요. 음식점의 간판이나 홈페이지에서도 새로운 메뉴가 나왔다거나 휴일을 알리는 내용의 오시라세를 자주 볼 수 있습니다.

신메뉴- 오시라세 新メニューお知らせ > 신메뉴 알림
오캬크사마에노 쥬-요-나 오시라세 お客様への重要なお知らせ
> 손님 여러분께 중요한 알림

9. 히츠요- ひつよう・必要

필요

일본에서 가장 필요한 게 무엇일까요? 돈? 시간? 여행을 다니면서 필요한 게 한두 가지가 아니겠죠? 하지만 무엇보다 일본이라는 나라의 특징을 이해하는 게 중요합니다.

동양과 서양, 과거와 현재, 아날로그와 디지털… 일본은 혼재된 나라입니다. 새로운 것들을 잘 받아들이지만 그렇다고 자기 것들을 쉽게 없애지도 않습니다. 그래서 한 나라 안에서 여러 겹의 다양한 경험을 할 수 있지요. 선택의 폭이 넓다는 말입니다.

일본인들은 직접적인 표현을 싫어합니다. 거절할 때도 바로 거절한다고 말하는 경우가 드물지요.

 소레와 춋토… それはちょっと… > 그건 좀…

이런 표현을 쓰면서 돌려서 돌려서 완곡하게 말합니다. 원하는 것을 정확하게 말하지 않으면 이야기가 오랫동안 겉돌

지도 모릅니다.

히츠요-나 모노가 아리마스 必要なものがあります
> 필요한 게 있습니다

파소콩가 히츠요-데스 パソコンが必要です
> 컴퓨터가 필요합니다

지칸가 못토 히츠요-데스 時間がもっと必要です
> 시간이 더 필요합니다

'필요없다'는 히츠요- 아리마셍(必要ありません)입니다. 더 짧게는 이리마셍(要りません)이라고 하면 되지요. 호의를 거절할 때는 '필요없다'고 하기보다는 다이죠-부데스(大丈夫です)라고 완곡하게 말하는 게 좋습니다.

레시-토와 다이죠-부데스 レシートは大丈夫です
> 영수증은 괜찮습니다

10. 호-호- ほうほう·方法

방법

같은 뜻인데 호-호-보다 더 유용한 표현이 있습니다. 접미어인 카타(方)를 붙이면 됩니다. 여행을 할 때 잘 쓸 만한 표현 몇 가지만 살펴볼까요?

별 생각 없이 먹는 스시에도 사실 먹는 방법이 있습니다. 스시야(寿司屋·스시 가게)에 간다면 '먹는 법', 타베카타(食べ方)를 물어보세요.

숙소로 돌아가는 방법을 미리 알아두고 싶으면 '돌아가는 법', 카에리카타(帰り方)를 쓰면 됩니다. '가는 방법'은 이키카타(行き方)입니다. 이키카타는 '살아가는 법'이라는 뜻의 이키카타(生き方)도 있으니 주의하세요!

전철이나 버스 '타는 법'을 모르면 노리카타(乗り方)를 가르쳐달라고 하면 됩니다. 그러고 보니 우소노 츠키카타(嘘のつき方)라는 노래도 있네요. '거짓말을 하는 법'이지요. 물론 호-호-를 써도 무방합니다.

호테르마데 카에리카타오 오시에떼 쿠다사이
ホテルまで帰り方を教えてください
> 호텔까지 돌아오는 법을 알려주세요

스시노 타베카타 寿司の食べ方 > 스시 먹는 법
덴샤노 노리카타 電車の乗り方 > 전철 타는 법
낫토-오 마제르 호-호- 納豆を混ぜる方法 > 낫토를 섞는 법

11. 죠-호- じょうほう · 情報

정보

일본의 뉴스 영상에는 모자이크가 유독 많습니다. 스쳐 지나가는 사람이라도 신분이 드러나지 않도록 제작진이 꼼꼼히 확인한다는 걸 알 수 있지요. 개인정보 노출에 민감하기 때문입니다. 초상권도 개인을 식별할 수 있는 개인정보이지요. '개인'은 코진(個人), '개인정보'는 코진죠-호-(個人情報)입니다. 어떤 것들이 있는지 한번 볼까요?

나마에 名前 > 이름
쥬-쇼 住所 > 주소
렌라크사키 連絡先 > 연락처
케-타이혼방고- 携帯フォン番号 > 휴대폰 번호
메-르아도레스 メールアドレス > 메일 주소

당연히 휴대폰 번호 노출에는 민감합니다. 연락처가 필요하면 일단 메일 주소를 묻는 게 매너겠죠?

12. 호-코- ほうこう · 方向

방향

도쿄의 관문 도쿄 역! 전철에, 신칸센에, 열차 종류도 많고 플 랫폼, 출구도 많지요. 처음 가본 사람이 한 번에 길을 찾기란 쉬운 일이 아닙니다.

신주쿠 역은 또 어떤가요? 이용객이 하루 300만 명이 넘어 기네스북에도 올랐지요. 주변의 건물들과 함께 쓰는 출입구까 지 합치면 출구만 200곳이 넘습니다. 하루에 드나드는 열차 편도 세계에서 가장 많은 것으로 알려져 있죠. '신주쿠 역 해 설서를 해설하는 해설서가 있다', '노숙자가 우산을 팔아 집을 샀다'는 농담이 있을 정도입니다.

역 출구의 이름은 동서남북과 같은 방향과 숫자의 조합으 로 이뤄져 있는데요. 계속 늘어나기만 하는 출구 때문에 길치 들의 고생이 이만저만이 아니라고 합니다. 길을 찾는 데 그나 마 도움이 되는 게 출구의 이름이지요.

 히가시구치 東口 > 동쪽출입구

니시구치 西口 > 서쪽출입구
미나미구치 南口 > 남쪽출입구
키타구치 北口 > 북쪽출입구
쥬-오-구치 中央口 > 중앙출입구
히로바구치 広場口 > 광장출입구

길을 헤맬 때에는 다음과 같이 말을 덧붙여보세요.

스미마셍, 호-코-온치데 すみません、方向音痴で
> 미안해요, 방향치라서

13. 무리 むり・無理

무리

일본의 술자리 분위기는 자유로운 편입니다. 마실 만큼만 마시면 되고, 다른 음료를 마셔도 괜찮습니다. 어차피 자기가 먹은 만큼 각자 계산하는 경우가 많으니 술도 마시고 싶은 술로 선택하면 됩니다. 이미 충분히 마셔서 더 마시는 게 힘들면 '무리'라고 하면 됩니다. 누군가 일본어로 계속 말을 걸어올 때도 마찬가지이지요.

 니홍고와 무리데스 日本語は無理です > 일본어는 무리입니다

오사케와 모- 무리데스 お酒はもう無理です
> 술은 이제 무리입니다

무리! 무리! 젯타이 무리! 無理! 無理! 絶対無理!
> 무리! 무리! 절대 무리!

무리시나이데 쿠다사이 無理しないでください
> 무리하지 마세요

14. 모치론 もちろん・勿論

물론

강력한 긍정의 표현이지요?

니홍고 데끼르? 日本語できる? > 일본어 할 수 있어?

모치론! もちろん! > 물론!

앞뒤 사실을 모두 강조할 수도 있습니다.

니홍고와 모치론 캉코크고모 데끼르
日本語はもちろん韓国語もできる
> 일본어는 물론 한국어도 할 수 있어

15. 만조크 まんぞく·満足

만족

일본어로 '충분하다'는 타리르(足りる)라고 합니다. '부족하다'는 타리나이(足りない)라고 하지요. 미치타리르(満ち足りる)는 가득차서 충분하다, 즉 '흡족하다'는 뜻입니다. 만조크와 같은 한자를 쓰지요. 그럼 만조크의 뜻은 무엇일까요?

心が満ち足りること(코코로가 미치타리르 코토)
뜻: 마음이 흡족한 것

 다이만조크 大満足 > 대만족

 코레데 만조크데스 これで満足です
> 이걸로 만족합니다

코노 미세 만조크 この店満足 > 이 가게 만족

16. 슈미 しゅみ · 趣味

취미

일본의 서점에 가보셨나요? 잡지 코너에는 눈이 휘둥그레질 정도로 많은 잡지가 꽂혀 있지요. 특히 취미와 관련된 잡지가 많습니다. 컴퓨터, 아이돌, 피규어 정도는 평범한 축에 속합니다. 철도 촬영, 발차 멜로디 연구, 기차 · 항공기 시간표 연구, 코스프레 복장…. 이렇게 다양한 취미들이 하나의 취미로 인정받고 있지요. 그렇지만 자신의 특이한 취미를 사람들에게 공개하는 걸 부끄러워하는 사람들도 꽤 있습니다. 어딘지 모르게 일본스럽죠?

오타쿠노 타메노 슈미 オタクのための趣味
> 오타쿠를 위한 취미

베츠니 슈미와 아리마셍 別に趣味はありません
> 취미는 딱히 없어요

17. 유-메- ゆうめい・有名

유명

모처럼 온 일본. 당연히 맛있는 걸 먹어야지요? 그런데 어딜 가야 할지 판단하기가 쉽지 않습니다. 일본은 다른 곳보다 더욱 그렇지요. 번화가의 시끌벅적한 가게가 꼭 진정한 맛집이라는 보장이 없습니다. 주택가의 골목을 이리저리 지도를 봐도 찾아가기가 쉽지 않고, 지나쳐도 눈에 띄지 않는 간판, 꼭꼭 감춰진 가게일수록 오히려 유서 깊은 맛집일 가능성이 상당합니다. 그곳에는 장인 정신으로 무장한 저명 셰프가 있겠지요.

 유-메-나 미세와 도코데스까? 有名な店はどこですか?
> 유명한 가게는 어디입니까?

 코노 헨데 유-메-나 라-멘야 この辺で有名なラーメン屋
> 이 근처에서 유명한 라면 가게
쵸메-나 셰후 著名なシェフ > 저명한 셰프

18. 닝끼 にんき · 人気

인기

공항의 이상한 애칭 랭킹, 2차원 오타쿠에게 추천하는 애플리케이션 랭킹…. 인터넷 서핑을 하다 보면 별의별 랭킹이 다 있습니다. 그만큼 재미있는 이야깃거리가 풍부하다는 말인데요. 일본여행을 떠나기 전에 필요한 인기 랭킹이라도 찾아보면 어떨까요?

보쿠와 닝끼모노 타이푸 僕は人気者タイプ
> 나는 인기 있는 스타일

이루미네−숀 닝끼 랑킹그 イルミネーション人気ランキング
> 일루미네이션 인기 랭킹

코크나이 츠아− 닝끼 랑킹그 国内ツアー人気ランキング
> 국내 투어 인기 랭킹

토−쿄− 야키니크 닝끼 랑킹그 東京焼肉人気ランキング
> 도쿄 고깃집 인기 랭킹

카조크데 오데카케 닝끼 랑킹그 家族でおでかけ人気ランキング
> 가족 외출 인기 랭킹

19. 훈이키 ふんいき · 雰囲気

분위기

"훈이키이케멘(雰囲気イケメン)."

이케멘은 '잘생긴 남자'를 지칭하는 속어입니다. '용모나 행동이 세련되고 멋있다'는 뜻의 이케떼르(いけてる)라는 단어가 있는데요. 여기에 영어 men, 혹은 '얼굴'을 뜻하는 일본어 멘(面)을 합친 것이라는 두 가지 설이 있습니다.

그런데 men을 합쳤다는 건 좀 이상합니다. 단수가 아닌 복수이기 때문에 의미가 맞지 않는 것이지요. 그렇다면 단수인 man을 쓴 걸까요? 그것도 이상합니다. man의 일본어 발음은 만(マン)이기 때문이지요. 그래서 일본어 '멘'과 합쳤다는 설이 생긴 겁니다.

그렇다면 훈이키이케멘은 분위기도 좋고, 얼굴도 잘생긴 남자를 말하는 걸까요? 꼭 그렇지는 않습니다. 미남은 아니어도 멋을 잘 낼 줄 아는 분위기가 좋은 남자를 말하지요.

그렇지만 긍정적으로만 쓰는 표현은 아닙니다. '저 사람은 이케멘으로 불리는데 사실 잘 살펴보면 이케멘이 아니다. 언

뜻 봤을 때 분위기만 이케멘일 뿐이다.' 이렇게 오히려 비하하는 식으로 쓰기도 합니다. 누군가에게 별 뜻 없이 '훈이키이케멘'이라고 했다가는 오해를 살 수도 있으니 조심해야겠죠?

훈이키이케멘가 스키데스 雰囲気イケメンが好きです
> 분위기 좋은 남자가 좋아요

헨나 훈이키 変な雰囲気 > 이상한 분위기
타다노 훈이키 이케멘 ただの雰囲気イケメン
> 그냥 분위기만 미남

20. 헨타이 へんたい · 変態

변태

헨타이까지는 아니지만 야하거나 음란한 분위기를 나타낼 때 곧잘 쓰는 표현이 엣치(エッチ)입니다. '성관계'를 엣치라고 표현하면 조금 완곡한 느낌이지요.

엣치는 속어인데요. 유래에 관해서는 여러 가지 설이 있습니다. 헨타이의 머리글자 H라는 설이 가장 지배적이지요. 마릴린 몬로 주연의 영화 〈7년째의 바람기(The Seven-year Itch)〉 때문에 '성적 욕망'을 뜻하는 유행어가 된 잇치(itch), '추근거리는 남자'라는 뜻의 레치(lech)의 발음에서 유래했다고도 합니다. 메이지시대 어린 여학생들이 '남편'을 뜻하는 영어 husband의 h를 따서 부르기 시작했다는 설도 있지요.

엣치나 에一가 エッチな映画 > 야한 영화
헨타이 데이리킨시 変態出入り禁止 > 변태 출입금지

보쿠와 헨타이데와 아리마셍 僕は変態ではありません
> 저는 변태가 아니에요

21. 닝겐 にんげん · 人間

인간

낫닝겐(Not人間). 부정의 not에 '인간'이라는 뜻의 일본어 닝 겐을 합친 표현입니다. '인간이 아니다'라는 뜻인데요. 비하하 는 게 아니라 예찬할 때 쓰는 한국의 신조어입니다. 주로 멋진 외모의 아이돌을 대상으로 사용하지요. 요즘에는 일본의 아이 돌 팬들도 낫닝겐이라는 표현을 쓰는 걸 심심찮게 볼 수 있습 니다.

낫닝겐이 있는가 하면 인간의 자격이 없는 닝겐도 있습니 다. 다섯 번의 자살 기도 끝에 생을 마감한 소설가 다자이 오 사무의 마지막 완성작 『인간실격』. 인간사회에서 매장당하고 패배하는 주인공의 굴곡진 인생을 통해 인간에 대해 깊이 들 여다본 작품이지요.

 닝겐세ー 다메 人間性だめ > 나쁜 인간성

 닝겐칸케ー 헤타데스 人間関係下手です
> 인간관계가 서툽니다

22. 비쥬츠칸 びじゅつかん · 美術館

미술관

로댕의 조각작품 〈생각하는 사람〉의 일본어 제목 역시 캉가에르 히토(考える人)로 '생각하는 사람'입니다. 이 유명한 작품은 생각보다 가까이에 있습니다. 비행기를 타고 도쿄로 날아가 전철을 타고 우에노 공원까지만 가면 여유롭게 거닐며 로댕의 조각품들을 둘러볼 수 있지요. 모네, 세잔, 고갱 등 수많은 명화들도 함께 관람할 수 있습니다. 이 작품들은 어떻게 일본까지 건너오게 된 걸까요?

가와사키 조선소의 사장이었던 마츠카타 코지로는 1920년 전후 영국과 프랑스 등 유럽에서 명화들을 수집했습니다. 일본인들은 당시에도 인상파 작품을 좋아했지요. 그는 인상파 거장인 모네의 집으로 찾아가 직접 작품을 구입하기도 했습니다. 또 유럽으로 건너갔던 일본의 전통판화 '우키요에'도 다시 사 모았습니다. 로댕의 대표작들도 한꺼번에 사들였지요. 그는 유명한 일본인 콜렉터였습니다.

그런데 1927년 세계대공황의 여파로 조선소가 파산하게 되고, 그의 콜렉션도 처분할 수밖에 없었습니다. 콜렉션 중 일부 작품을 해외에 보관하고 있었는데요. 런던의 작품들은 화재로 소실됐고, 프랑스 로댕미술관에 있던 400여 점은 독일 나치를 피해 파리 근교로 옮겼다가 2차대전 패전으로 프랑스 정부에 귀속됐습니다. 그 후 '기증반환'을 받게 된 것이지요. 하지만 프랑스는 〈반 고흐의 침실〉이나 르누아르의 〈알제리 풍의 파리 여인들〉을 비롯해 일부 작품들은 건네주지 않았습니다. 이때 돌려받은 작품은 370점. 하지만 거기에도 조건이 붙었습니다. 작품들을 공공미술관에서 공개해야 된다는 것이지요.

도쿄 우에노 공원에 있는 국립서양미술관은 그렇게 탄생했습니다. 일본정부는 이 미술관의 설계를 모더니즘 건축의 거장인 프랑스인 르코르뷔지에게 의뢰한 덕분에 일본의 세계유산 목록을 하나 더 늘릴 수 있었습니다.

우에노 공원에서 미술관이 보이면 망설이지 말고 들어가 동서양을 아우르는 명작들을 감상하세요!

 코크리츠세-요-비쥬츠칸 国立西洋美術館
> 국립서양미술관

일본에는 그 밖에도 다양한 미술관과 박물관이 있습니다.

관(館)은 칸(かん)으로 발음합니다.

 토-쿄-겐다이비쥬츠칸 東京現代美術館 > 도쿄현대미술관
코크리츠하크부츠칸 国立博物館 > 국립박물관
신주쿠쿠토쇼칸 新宿区図書館 > 신주쿠 구 도서관
타이이크칸 体育館 > 체육관
캉코크타이시칸 韓国大使館 > 한국대사관

23. 신분 しんぶん · 新聞

신문

일본인의 신문 사랑은 대단합니다. 책에 대한 열기가 여전히 뜨거운 것처럼요. 활자와 종이에 대한 애착이기도 하지요. 일본에서 발행부수가 가장 많은 신문이 세계 발행부수 1위라는 사실이 잘 말해줍니다. 요미우리(読売), 아사히(朝日), 마이니치(毎日) 신문이 일본에서 발행부수가 가장 많은 세 곳인데요. 이들을 산다이시(3大紙)라고 합니다. 우리말로 하면 3대지가 되지요. 세계의 산다이시이기도 합니다.

신분노 이치멘 톳푸 新聞の一面トップ
> 신문 1면 톱(기사)
신분시노 니오이 新聞紙の臭い > 신문지의 냄새

신분와 요메마셍 新聞は読めません
> 신문 못 읽어요

140

24. 뎅와 でんわ · 電話

전화

요즘은 집 전화번호보다는 휴대폰 번호를 묻는 일이 많지요.
일상에서 유선전화를 쓸 일은 많이 줄었습니다. 길거리에 있
는 전화박스를 마주칠 일도 갈수록 줄고 있지요.

코-슈-뎅와 公衆電話 > 공중전화

'휴대폰'은 케-타이혼(携帯フォン)입니다. 케-타이뎅와(携帯
電話)라고 하면 '휴대전화'이지요. 줄여서 케-타이(携帯 · 카타
카나로는 ケータイ)라고만 표기하기도 합니다. 번호를 물어볼
때는 간단히 케-타이방고-(携帯番号)를 물어보세요!

케-타이방고-오 오시에떼 쿠다사이
携帯番号を教えてください
> 휴대폰 번호를 알려주세요

아토데 뎅와시마스 後で電話します > 나중에 전화할게요

25. 뎅키 でんき · 電気

전기

뎅키 케시떼 電気消して > 불 꺼라

뎅키, 덴센(電線 · 전선), 덴시(電子 · 전자) 등과 같이 電은 '뎅' 혹은 '덴'으로 발음합니다. 케스(消す)는 '끄다'라는 뜻이지요. 그렇다면 '뎅키 케시떼'는 우리말로 하면 '전기를 꺼라'입니다. '전기를 꺼?' 좀 어색하지요.

뎅키는 전기를 사용하는 조명기구를 뜻하기도 합니다. 집이나 호텔, 사무실 등의 조명도 뎅키라고 하면 됩니다. 위 예문은 쉽게 말해 '불 좀 꺼라'는 말이지요.

'불을 *끄고* 켜는 스위치'는 뎅키 스잇치(電気スイッチ)입니다. '가전제품을 판매하는 곳'은 뎅키야(電器屋)입니다. 도쿄 아키하바라에 가면 뎅키가이(電気街)가 있는데요. 전기와 관련된 모든 것들을 볼 수 있는 '전기의 거리'입니다. 망가(漫画 · 만화)나 아니메(アニメ) 정보, 관련 상품을 찾는 오타쿠들의 성지이지요.

뎅키지도-샤 電気自動車 > 전기자동차

뎅키야노 테레비코-나 電器屋のテレビコーナー
> 가전제품 판매점의 텔레비전 코너

뎅키 츠케떼 쿠다사이 電気つけてください
> 불 켜주세요

26. 오챠 おちゃ・お茶

차

이치고이치에(一期一会), 일생에 단 한 번의 인연.

간결하면서도 깊은 뜻을 담고 있는 멋진 표현이지요. 사실 이 표현은 일본의 차 문화에서 유래했습니다. 차 마실 때의 예법, 즉 챠도-(茶道)에 임하는 바람직한 태도를 당부하는 건데요. 차를 대접하는 사람도 손님도 이 자리가 두 번 다시는 없을 자리, '단 한 번뿐인 만남'이라고 생각하기를 바라는 말입니다. 인연을 소중히 여겨 서로에게 '최고의 접대'를 하라는 것이지요.

일본인의 삶에서 차를 빼놓기는 어렵습니다. 집, 회사, 음식점… 어디를 가나 곁에는 차가 있습니다. 습하고 뜨거운 여름, 길에서 마주친 일본인의 손에 들려 있는 것도 차가 담긴 페트병입니다. 자판기에도 편의점에도 다양한 차가 진열돼 있지요. 술자리에서 차를 주문하는 사람도 많습니다. 차를 마시는 모임 오챠카이(お茶会)도 많고요. 일본인 친구와 헤어질 때 이런 인사를 건네는 것도 좋습니다.

콘도 오챠시요-! 今度お茶しよう！ > 다음에 차 마시자!

　한국인들이 차를 물처럼 마시는 게 아니라 다른 음료처럼 가끔씩 마시는 걸 신기하게 여기기도 합니다. 한국을 찾는 일본인 여행객들은 2리터들이 페트병 녹차가 없다는 걸 안타까워하고, 한국 편의점에서 판매하는 차 중에는 어떤 차가 마실 만한지 진지하게 정보를 공유합니다.

　차에 밥을 말아 먹는 건 오챠즈케(お茶漬)입니다. 오챠즈케에는 노리(のり·김), 사케(サケ·연어), 와사비(わさび), 우메보시(梅干し·매실절임) 등이 올라갑니다. 술을 마신 뒤에 해장국을 먹는 것처럼 따뜻한 오챠즈케로 속을 달래기도 합니다.

 콤비니노 오챠또 오니기리 コンビニのお茶とおにぎり
> 편의점 차와 오니기리
오사케노 아토와 오챠즈케 お酒の後はお茶漬
> 술 마신 뒤에는 오챠즈케

27. 야크소크 やくそく · 約束

약속

약속 시간보다 일찍 가는 걸 좋아하세요? 아니면 늦는 편인가요? 다른 사람의 집이나 사무실로 찾아갈 때는 일찍 가는 편인가요?

일본에서는 약속 시간보다 일찍 가는 게 실례일 수도 있습니다. 상대방의 시간을 빼앗는다고 생각하는 거죠. 남에게 폐를 끼치거나 신세 지기를 원하지 않는 일본인들의 특성이 반영된 겁니다.

일상에서 약속과 비슷하게 쓰이는 표현은 마치아와세(待ち合わせ)입니다. 위의 경우도 약속이 아니라 마치아와세라고 하는 게 자연스럽습니다. 마치(待ち)는 '기다림', 아와세(合わせ)는 '만남'인데요. 기다렸다가 만난다, 즉 실제로 얼굴을 맞대는 만남을 말합니다. 구체적인 만남을 위한 시간이나 장소 약속을 마치아와세라고 하는 것이지요. 그에 반해 야크소크는 실현 불가능한 일, 맹세까지도 포함하는 단어입니다.

일본의 부부 듀오인 함바-토 함바-토(ハンバート ハンバート

·HUMBERT HUMBERT)의 노래 중에 〈마치아와세〉란 곡이 있습니다. 첫 소절의 가사를 볼까요?

모-스코시 맛떼-이요-. 키미와 모-스구 쿠르하즈
もう少し待っていよう。君はもうすぐ来るはず
> 조금 더 기다리고 있자. 너는 이제 곧 올 거야

호-므데노 마치아와세모 손나니 와르쿠와 나이
ホームでの待ち合わせも そんなに悪くはない
> 플랫폼에서의 만남도 그렇게 나쁘진 않아

헤어진 연인이 오지 않을 걸 알면서도 플랫폼에서 기다리지요. 꼭 올 거라고. 플랫폼의 '마치아와세'도 나쁘지 않다면서 말이죠.

 이츠 마치아와세스르? いつ待ち合わせする?
> 언제 만나?

마치아와세노 바쇼와? 待ち合わせの場所は?
> 만나는 장소는?

28. 슛파츠 しゅっぱつ・出発

출발

일본의 고속열차 신칸센의 1분 이내 정시 도착률은 95% 이상입니다. 전철의 출발, 도착 시각도 어긋나는 일이 드물죠.

변수는 대부분 지진, 태풍 등 자연재해이지만 그만큼 대처도 신속한 편입니다. 일단 전철부터 멈추는 경우가 많습니다. 어두운 터널 속 멈춰 선 열차, 묘한 정적이 흐르고 사람들은 애써 차분합니다. 일본생활을 하다 보면 가끔 맞닥뜨리게 되는 아찔한 경험입니다. 물론 출발하자고 재촉을 해봤자 헛수고입니다. 그래서 항상 출도착 정보에 귀를 기울여야 합니다. 정확한 시각을 알고 싶다면 '언제'를 뜻하는 이츠(いつ) 대신 '몇 시'를 뜻하는 난지(何時)를 쓰면 됩니다.

슛파츠시마쇼ー! 出発しましょう! > 출발합시다!

이츠 슛파츠시마스까? いつ出発しますか? > 언제 출발합니까?

토ー챠크와 난지데스까? 到着は何時ですか? > 도착은 몇 시예요?

29. 코-엔 こうえん·公園

공원

우주인이 찾아와 도쿄가 어떤 곳인지 물어보면? 영화 〈도쿄공원〉에 등장하는 사진작가 지망생인 주인공은 대답하지 못합니다. 질문을 던진 남자는 이렇게 말하지요.

도쿄의 중심에는 거대한 공원이 있다.

도쿄는 그 공원을 둘러싼 더욱 거대한 공원이다.

쉬고, 수다를 떨고, 누군가와 누군가가 만나기도 하는, 우리를 위한 공원.

그것이 도쿄다.

복잡하면서도 다양한 재밋거리가 있는 도쿄를 이렇게 예찬합니다.

중앙의 거대한 공원은 일왕이 거주하는 코-쿄(皇居). 도쿄 지도를 보면 한가운데 있는 커다란 녹색 지대입니다. 이곳을 빙 둘러싼 연못을 따라 사람들은 늘 조깅을 즐기지요. 도쿄의 심장부를 달리는 겁니다. 한 바퀴를 돌면 5킬로미터로 초보자도 가볍게 도전할 수 있는 거리. 신호가 없어서 논스톱으로 달릴 수 있고, 도쿄를 느낄 수 있는 경치도 좋지요. 단, 시계 반대방향으로 도는 게 매너입니다.

일본에는 크고 작은 공원들이 많은데 특히 꽃놀이 시즌에 인기입니다. 봄에는 벚꽃놀이, 가을에는 단풍놀이를 제대로 즐길 수 있는 곳이 많습니다.

이치방 치카이 코-엔 一番近い公園 > 가장 가까운 공원
코-엔데 란닝그 公園でランニング > 공원에서 달리기
코-엔데 하나미 公園で花見 > 공원에서 꽃놀이

30. 도-로 どうろ · 道路

도로

고즈넉한 주택가, 고양이 한 마리. 도로엔 흰 글씨로 토마레(止ま
れ). 일본여행 사진에 등장하는 풍경입니다. 아담한 도로에 크게
표시된 한자와 히라가나가 이색적으로 느껴져서일까요?

과거에는 히라가나로 토마레(とまれ)라고 쓰여 있었지만 지
금은 대부분 한자로 바뀌었습니다. 히라가나 토(と)의 곡선을
그리는 게 쉽지 않아 반듯반듯한 한자 토(止)를 썼다는 말도
그럴듯한데요. 사실은 운전자가 주행 중에 스치듯이 '止' 한
글자만 보고도 의미를 알 수 있도록 한 겁니다. 이것만으로도
'멈추다'는 뜻이 전달되기 때문이지요.

게다가 토마레는 명령형입니다. '멈춰!'이지요. 일부러 강렬
하게 표현한 것입니다. '속도를 줄여라!'는 뜻의 스피-도 오토
세(スピード落とせ)도 마찬가지입니다.

 지텐샤 센요- 도-로 自転車専用道路 > 자전거 전용 도로
코-소크도-로 코-지츄- 高速道路工事中 > 고속도로 공사 중

31. 지텐샤 じてんしゃ・自転車

자전거

앞뒤엔 아이들, 법에 저촉되는데도 가끔 한 손엔 우산까지….
자전거 운전 실력으로는 일본이 세계 1등이 아닐까요?

주차료나 대중교통 요금이 워낙 비싸서 서민들에게 자전거
는 필수품이지요. 그래서인지 자전거 편의시설도 잘돼 있고,
자전거 질서도 당연히 중요합니다.

자전거를 새로 구입하면 자동차처럼 등록을 해야 하는데
요. 도난당했을 때를 대비한 방범 등록입니다. '자전거를 세우
는 곳'은 츄-린죠-(駐輪場)라고 합니다. 지정된 곳에만 자전거
를 세워야 하지요. 야간 운행때는 라이트도 켜야 합니다. 일본
에 갓 들어온 유학생들이 가벼운 마음으로 자전거를 타다가
경찰에 잡혀 진땀을 빼는 경우도 많습니다.

가정에서 타는 일반적인 자전거는 챠링코(チャリンコ)라고
하는데요. 자전거 벨소리 챠링(チャリン・따릉)이 유래라는 이
야기도 있고, 우리말 자전거의 일본식 발음 챠종고(チャジョン
ゴ)가 챠링코로 들렸다는 설도 있습니다. 엄마들이 타는 자전

거는 엄마를 뜻하는 마마(ママ)에 챠링코를 붙여 마마챠링코 (ママチャリンコ) 혹은 마마챠리(ママチャリ)라고 합니다.

마마챠리노 카고 ママチャリのカゴ > 마마차리 바구니
오카―상노 지텐샤와 마마챠리 お母さんの自転車はママチャリ
> 엄마 자전거는 마마차리

지텐샤 렌타르 데끼마스까? 自転車レンタルできますか?
> 자전거 빌릴 수 있어요?

32. 덴샤 でんしゃ · 電車

전철

부유한 집안의 미녀 아오야마. 전철 취객으로부터 그녀를 구해낸 건 다름 아닌 아니메 오타쿠 야마다였습니다. 그녀를 다시 만나고 싶지만 용기가 나질 않지요. 그를 응원하는 인터넷 독신남 게시판의 회원들이 붙여준 별명은 덴샤오토코(電車男)! 우리말로는 '전철남', 바로 이 드라마의 제목입니다.

'지하철'은 치카테츠(地下鉄)라고 합니다. 그날의 '마지막 전철'는 사이슈-덴샤(最終電車)인데요. 줄여서 슈-덴(終電)이라고 합니다. 악명 높은 도쿄의 택시요금을 체험해보고 싶은 게 아니라면 슈-덴 시간을 꼭 확인해야죠? 아니면 다음 날의 '첫 전철', 쇼덴(初電)을 기다릴 수도 있겠지요.

만인덴샤 満員電車 > 만원 전철
슈-덴 지코크 안나이 終電時刻案内 > 마지막 전철 시각 안내

쿄-모 슈-덴까 今日も終電か > 오늘도 마지막 전철인가

155

33. 칸란샤 かんらんしゃ · 観覧車

관람차

관람차에서 고백하면 100% 성공? 디즈니-란도(ディズニーラ
ンド · 디즈니랜드)를 비롯한 유원지는 변함없는 인기 데이트
코스죠. 특히 관람차를 빼놓을 수 없습니다. 관람차가 보이는
야경도 좋지만 관람차 안에서 보내는 시간은 더할 나위 없겠
죠? 사랑을 고백하는 장소로도 인기입니다. 들뜬 분위기에 로
맨틱한 야경, 둘만의 공간…. 성공 가능성이 높다는 말도 그럴
듯하게 들립니다.

　인터넷에는 관람차에서 고백하면 정말로 100% 성공할 수
있는 건지 묻는 글들도 종종 올라옵니다. 상대방이 오케-(オケ
ー · 오케이)라고 말해주면 다행이지만 아니라면 내려갈 때까지
난처한 시간을 어떻게 보내야 할지 걱정하는 사람도 있지요.

유-엔치 데-토 遊園地デート > 유원지 데이트
야케-스폿토 夜景スポット > 야경 스폿
칸란샤 코크하크 킨시 観覧車告白禁止 > 관람차 고백 금지

34. 에끼 えき · 駅

역

어딜 가든 가장 가까운 역을 알고 있어야 다음 여정이 편안해 집니다. 도쿄의 전철은 환승 체계도 잘 갖춰져 있어서 일단 가까운 역만 찾으면 목적지 근처까지 가는 건 어렵지 않지요. 이럴 때 '가깝다'는 뜻의 치카이(近い)를 쓰면 됩니다.

조금 어렵긴 한데 더 자주 쓰는 표현이 있습니다. '가장 가까운 곳'은 모요리(最寄り)입니다. '가장 가까운 역'은 모요리노에끼(最寄りの駅), '가장 가까운 편의점'은 모요리노 콤비니(最寄りのコンビニ)라고 합니다.

치카이 에끼와 도코데스까? 近い駅はどこですか?
> 가까운 역은 어디입니까?

모요리에끼와 긴자에끼데스 最寄り駅は銀座駅です
> 가장 가까운 역은 긴자역입니다

35. 뵤-인 びょういん · 病院

병원

병원과 미용실. 우리말은 전혀 다르지만 일본어에서는 헷갈리는 두 단어입니다. 미용실은 일본어로 비요-인(美容院 · びょういん)이라고 합니다. 정말 비슷하죠?

뵤-인에는 작은 요(ょ)가 들어갔습니다. 이럴 때는 앞뒤 두 글자를 한데 묶어 '뵤'라고 발음하면 됩니다. 비요(びょ)가 아니지요. 뒤에 우(う)가 있어서 '뵤우인'이라고 하기 쉬운데요. 뵤를 약간 길게 빼는 느낌으로 '뵤-인'이라고 발음합니다. 미용실은 비(び)와 요(ょ)를 따로따로 읽어서 비요-인이 됩니다.

병원과 관련한 어휘들도 함께 익혀보세요.

이샤 医者 > 의사
칸쟈 患者 > 환자
칸고후 看護婦 > 간호사
치료- 治療 > 치료
큐-큐-샤 救急車 > 구급차
도-부츠뵤-인 動物病院 > 동물병원

36. 망가 まんが · 漫画

만화

일본만화가 인기를 끌면서 망가라는 단어는 세계적으로 일본 만화를 가리키는 말이 됐습니다. 영어 comic을 일본어식으로 읽은 코믹크스(コミックス) 역시 같이 쓰입니다. 미국의 만화는 아메리칸 코믹크스(アメリカンコミックス)라고 하는데요. 줄여서 아메코미(アメコミ)라고 합니다.

스-파-만 スーパーマン > 슈퍼맨
밧토만 バットマン > 배트맨
완다-우-만 ワンダーウーマン > 원더우먼
스파이다-만 スパイダーマン > 스파이더맨
캬프텐아메리카 キャプテンアメリカ > 캡틴아메리카
스-파-히-로 スーパーヒーロー > 슈퍼히어로

예전에는 텔레비전에서 방영하는 어린이용 애니메이션도 망가라고 했습니다. 한국에서 만화라고 하는 것처럼요. 아니메-숀(アニメーション)이라는 단어가 일반화되기 전까지는 테레비 망가(テレビ漫画 · 텔레비전 만화), 망가에-가(漫画映画 · 만화영화) 등으로 불렸지요.

일본의 망가는 가크인(学院 · 학원), 랭아이(恋愛 · 연애), 에스에후(エスエフ · SF) 등 다양한 장르가 인기리에 계속 나오고 있고, 최근에는 료-리(料理 · 요리)물도 인기를 더하고 있습니다.

쇼-넨망가잣시 少年漫画雑誌 > 소년 만화 잡지
닝끼망가노 TV아니메카 人気漫画のTVアニメ化
　　　　　　　　> 인기 만화의 TV애니메이션화
이치류-망가카 一流漫画家 > 일류 만화가

37. 에-가 えいが · 映画

영화

"오겡끼데스까(お元気ですか)!"

　일본에서도 한국에서도 가장 사랑받는 로맨스 영화 〈러브레터〉의 상징적인 대사이지요.

 라브레타- ラブレター > 러브레터

　영화가 인기를 끌면서 한국에서도 '오겡끼데스까' 패러디가 잇따르고, 영화의 배경인 홋카이도 오타루에도 한국인의 발길이 이어졌습니다.

　1998년 일본의 대중문화 개방이 시작되면서 국내 극장에서 처음 상영한 일본영화 1호는 키타노 타케시 감독의 〈하나비〉였지요. 일본영화를 상영하는 첫해에는 조건이 붙었습니다. 칸, 베를린 등 4대 국제영화제에서 수상했거나 한국과 일본이 공동제작한 영화, 일본배우가 출연한 한국영화여야만 했습니다. 일본 대중문화가 한국시장을 잠식하는 것을 걱정했기

때문인데요. 웬걸, 일본 내 한류 열풍도 만만치 않았지요. 한
국 정서상 일본의 잔잔한 드라마나 연애물이 인기를 끌지만
소재는 일본영화 쪽이 훨씬 다양한 편입니다.

코메디 에ー가 コメディ映画 > 코미디 영화

도라마 에ー가 ドラマ映画 > 드라마 영화

아크숑 에ー가 アクション映画 > 액션 영화

호라ー 에ー가 ホラー映画 > 호러 영화

에ー가칸 폿프코온 映画館ポップコーン > 영화관 팝콘

에ー가 데ー토 映画デート > 영화 데이트

38. 가카 がか · 画家

화가

검은 점들이 수없이 찍힌 노란 호박. 점과 그물로 유명한 일본의 아티스트 쿠사마 야요이의 가장 대중적인 작품이지요. 무수히 많은 점들이 반복되는 그녀의 작품을 보면 그녀가 겪어왔던 환각과 환청, 정신분열 증상이 느껴지는 것만 같습니다. 쿠사마는 그림뿐만 아니라 조각, 설치작품, 퍼포먼스로도 유명합니다. 종합 예술가라고 해야겠지요.

　화가는 가카라고 하는데요. 여기서 가(画)는 망가(漫画), 에-가(映画)에도 쓰이듯 그림, 화면 등을 뜻하는 한자입니다. 회화는 카이가(絵画), 명화는 메-가(名画)라고 합니다.

아ー치스토 アーチスト > 아티스트

쵸코크 彫刻 > 조각

파호ー만스 パフォーマンス > 퍼포먼스

오크숀 オクション > 경매

토ー요ー노 텐사이 가카 東洋の天才画家 > 동양의 천재 화가

39. 안젠 あんぜん · 安全

안전

일본은 치안이 좋은 편입니다. 철저하게 매뉴얼을 지키는 태도도 사회 안전망을 잘 유지해온 비결 중 하나이지요.

이런 일본의 안전의식을 크게 위협하는 사고가 바로 3.11 동일본대지진이었습니다. 지진에 이은 쓰나미, 그리고 후쿠시마 원자력발전소 폭발로 일본은 위험한 나라라는 인식도 커졌습니다. 대체로 일본사회를 2차대전 전과 후로 구분해왔는데 이제는 3.11 전후로 나누기도 하지요. 안전한 일본을 나타내는 말로 안젠신와(安全神話 · 안전신화)라는 표현을 쓰는데요. 3.11로 일본의 안전신화가 무너졌다는 우려의 목소리가 끊이지 않습니다.

산이치이이치 젠고 3.11 前後 > 3.11 전후
안젠다이이이치 安全第一 > 안전제일
니혼와 안신안젠 日本は安心安全
> 일본은 안심 안전(안심할 수 있는 안전한 나라)
쿄-모 안젠운텐 今日も安全運転 > 오늘도 안전운전

40. 운텐 うんてん・運転

운전

일본에서 운전할 때 가장 다른 점! 핸들이 한국과 반대쪽이지요? 오른쪽 미기(右)를 써서 미기한도르(右ハンドル)라고 합니다. 한국은 왼쪽, 히다리한도르(左ハンドル)지요. 정지선도 약속이나 한듯이 잘 지킵니다. 주행 중에는 빵빵거리는 소리를 듣기가 쉽지 않고, 상향등을 깜빡이며 빨리 가라고 재촉하는 차를 만나기도 어렵습니다. 전반적으로 운전매너는 좋은 편이지만 지역에 따라 정도의 차이는 있습니다.

크라크숀 クラクション > 클랙슨
운텐마나- 運転マナー > 운전매너
야칸운텐 夜間運転 > 야간운전
인슈운텐 飲酒運転 > 음주운전

41. 오-단호도-

おうだんほどう · 横断歩道

횡단보도

일본에서 횡단보도를 건널 때 나오는 구슬픈 멜로디를 들어 보셨나요? 〈토오란세(通りゃんせ)〉라는 일본동요의 멜로디입니다. 노래는 일곱 살 아이를 위해 기도를 드리러 신사를 찾은 참배객의 이야기입니다. 서민이 드나들기 쉽지 않은 성 안의 신사이기 때문에 길목에는 문지기가 있었다고 하는데요. 밀정이 성으로 들어가는 걸 막기 위해 감시가 엄격했다고 합니다. 그래서 아래와 같은 구절이 있습니다.

토오란세 토오란세

通りゃんせ 通りゃんせ

> 지나가세요 지나가세요

이키와 요이요이 카에리와 코와이

行きはよいよい 帰りは怖い

동요라고는 하지만 멜로디도 가사도 좀 섬뜩한 데가 있지요?

일본의 신호등에서는 멜로디가 나오기도 하고, 새소리가 나오기도 하는데요. 멜로디식은 토오랸세와 스코틀랜드 민요인 코쿄-노 소라(故郷の空 · 고향의 하늘)를 사용하고 있습니다.

혹시 일본에서 신호등을 건널 때 '피요피요, 피요피요' 소리를 들어보셨나요? 피요(ピヨ)는 병아리 울음소리를 일본어로 나타낸 것입니다. 우리말로는 '삐약'이지요. 뻐꾸기 울음소리 신호등도 있습니다. 우리말로는 '뻐꾹'인데 일본에서는 캇코-(カッコウ)라고 합니다. 비슷한가요?

신호등에 사용된 멜로디는 과거 스무 곡 이상이었지만 현재는 주로 두 곡을 사용하고 있고, 그마저도 대부분 새소리로 바꾸고 있다고 합니다.

오-단호도-와 호코-샤 유-센 横断歩道は歩行者優先
> 횡단보도는 보행자 우선

42. 지켄 じけん · 事件

사건

위험에 처한 피해자 목소리를 흉내 내 부모에게 돈을 뜯어내는 사기. 일본에도 이런 범죄가 많습니다. 이름하여 오카-상 타스케떼 사기(お母さん助けて詐欺). '엄마 도와줘 사기'입니다. 자식이 아닌 지인을 가장하기도 하는데요. 사기꾼들은 전화를 걸어 '오레오레'라고 합니다. '나야 나'이지요. 그래서 오레오레 사기(オレオレ詐欺)라고 합니다.

　일본은 자전거 절도사건도 많습니다. 가게에 진열된 상품을 몰래 훔쳐 달아나는 만비키(万引き) 사건도 많지요. 오키비키(置き引き)는 카페나 도서관의 자리에 남이 놓아둔 물건을 슬쩍하는 절도를 말합니다. 비키(引き)는 앞서 언급했던 캬크히키(客引き)에서 '히키'의 발음이 변한 건데요. 이번에는 손님이 아닌 물건을 끌어당긴다는 뜻으로 썼습니다.

지켄지코 事件事故 > 사건사고
사츠진지켄 殺人事件 > 살인사건

43. 케-사츠 けいさつ · 警察

경찰

코도모케-사츠 子供警察 > 어린이 경찰
가이지케-사츠 外事警察 > 외사 경찰
지코-케-사츠 時効警察 > 시효 경찰

경찰 종류냐고요? 모두 드라마 제목입니다. 일드에서 가장
많이 등장하는 직업! 바로 경찰이지요. 형사만 등장하는 게 아
니라 평소에 잘 몰랐던 특이한 부서의 경찰들도 잘 나옵니다.

자전거 페달을 열심히 돌리며 동네를 순찰을 하는 어딘지
모르게 귀여운(?) 제복을 입은 경찰을 일본에서는 쉽게 볼 수
있지요. 이런 친근한 이미지의 경찰을 오마와리상(お巡りさん)
이라고 합니다. 딱히 계급과 부서 등이 정해진 표현은 아닌데
요. 보통 코-방(交番)에서 근무하는 경찰을 말하는 경우가 많
습니다. 코-방은 한국의 파출소와 비슷한 개념이지요.

순사라는 표현 들어보셨나요? 일본어로는 쥰사(巡査)라고
하는데요. 역시 경찰을 나타내는 표현입니다. 메이지시대 순
사들이 마을을 순회, 즉 쥰카이(巡回)하는 데서 오마와리상이

라고 부르기 시작했다고 합니다. 같은 한자를 쓴 거죠.

경찰을 담당하는 기자를 사츠마와리(察回り)라고 합니다. 한국의 언론계에서도 여전히 사용하는 표현이지요. 케-사츠의 사츠(察)에 마와리(回り)를 합친 건데요. 오마와리상의 마와리(巡り)와 한자는 다르지만 '차례로 돈다'는 뜻으로, 의미도 발음도 비슷합니다.

야사시- 지텐샤오마와리상 やさしい自転車お巡りさん
> 친절한 자전거 경찰 아저씨
오치카크노 케-사츠쇼마데 お近くの警察署まで
> 가까운 경찰서에

44. 신고- しんごう·信号

신호

파란불은 아오신고-(靑信号), 빨간불은 아오신고-(赤信号)라고 합니다. 그런데 아오신고-를 이상하다고 생각하는 사람이 많습니다. 녹색으로 보이는데 왜 '아오'라고 하냐는 것이지요.

처음에는 파란불을 녹색불인 미도리신고-(綠信号)라고 표현했다고 합니다. 법령 표기도 마찬가지였고요. 그런데 일부 신문기자들로 인해 아오신고-가 확산되면서 그렇게 바뀌었다는 설이 있습니다.

고대 일본의 네 가지 색은 아카(赤·빨간색), 아오(靑·파랑색), 쿠로(黑·검정색), 시로(白·흰색)였습니다. 이때 아오에는 파랑색과 녹색, 두 가지가 모두 포함돼서 녹색으로 보이는 것도 '아오'라고 하는 관습이 있었다고 하는데요. 그 때문에 현재도 큰 위화감은 느끼지 않는다고 합니다.

신고-무시 信号無視 > 신호무시
아오신고-노 코-사텐 青信号の交差点 > 파란불의 교차로

45. 멘쿄 めんきょ · 免許

면허

섬나라 일본은 사실 작지는 않습니다. 면적은 한국의 네 배에 가깝습니다. 한반도로 따져도 1.5배가 넘는 크기지요. 광활한 대자연의 멋진 풍경을 볼 수 있는 지역도 있지만 대중교통으로는 가기 어려운 곳도 많습니다. 이럴 때 차를 빌리는 것도 고려해볼 만합니다.

렌타ー카ー レンターカー > 렌터카
쿠르마 렌타르 車レンタル > 자동차 대여

국제 운전을 하려면 국제 운전면허증이 필요하겠지요? '국제'는 코크사이(国際)라고 합니다.

코크사이센 国際線 > 국제선
코크나이센 国内線 > 국내선

면허증은 멘쿄쇼-(免許証)라고 합니다. 자격증에는 증을 뜻

하는 쇼-(証)가 붙지요. 간단한 신분 확인이 필요할 때는 여권
대신 면허를 보여줘도 됩니다.

코크사이 운텐멘쿄쇼- 国際運転免許証
> 국제 운전면허증
무멘쿄 無免許 > 무면허
바이크노 멘쿄 バイクの免許 > 오토바이 면허
가크세-쇼- 学生証 > 학생증
파스포-토 パスポート > 여권

46. 미라이 みらい · 未来

미래

바다와 관람차가 보이는 화려한 야경, 차이나타운과 항구로 유명한 요코하마. 요코하마 관광의 중심지인 해변 지역을 미나토미라이21(みなとみらい21)이라고 합니다. 멋진 경관 때문에 영화나 드라마 배경으로도 자주 등장하지요. 미나토(みなと)는 '항구', 미라이(みらい)는 '미래'라는 뜻인데요. 이 이름은 1981년 공모를 통해 2300개 후보 중에서 선정됐습니다. 항구도시 요코하마를 떠올릴 수도 있고, 미래로의 발전을 지향하는 21세기 요코하마와도 어울린다는 이유였지요.

'미라이'란 이름의 자동차도 있는데요. 배출가스를 내보내지 않는 수소연료 전기차입니다. 이름에서부터 미라이가 그려지지요. '과거'는 카코(過去), '현재'는 겐자이(現在)라고 합니다.

미라이노 쿠르마 未来の車 > 미래의 자동차
카코카라 미라이에 過去から未来へ > 과거에서 미래로
겐자이노 텐키 現在の天気 > 현재 날씨

47. 코크민 こくみん · 国民

국민

일본은 일본국의 줄임말입니다. 원래는 미국, 한국처럼 '국'이 붙습니다. 일본이 2차대전에서 패하기 전까지는 '일본제국', 니혼테-코크(日本帝国)였지요. 国은 코크로 발음하니까 '일본'은 니혼코크(日本国)입니다. '미국'은 보통 아메리카(アメリカ)라고 하지만 베-코크(米国)라고도 하지요. '국민'은 코크(国)에 민(民)을 붙여 코크민이라고 합니다. 도쿄 도에 사는 사람은 토-쿄-토민(東京都民), 신주쿠 구에 사는 사람은 신주쿠쿠민(新宿区民)이지요.

코크민토-효- 国民投票 > 국민투표
쿠민센타- 区民センター > 구민센터
시민노 미나상 市民の皆さん > 시민 여러분

48. 센몬카 せんもんか · 專門家

전문가

상대방의 전문분야를 알고 싶을 때는 '센몬와 난데스까(專門は
何ですか · 전문은 무엇입니까, 전문분야는 뭔가요)'라고 물어보면
됩니다. 전공을 묻고 싶다면 센코-(專攻 · 전공)를 써서 '센코-
와 난데스까(專攻は何ですか)'라고 하면 됩니다.

반대로 어떤 일에 '미숙한 사람'을 가리키는 말로 시로-토(素
人)가 있습니다. 과거 일본의 화류계에서 만들어진 표현인데
요. 노래를 잘하거나 샤미센 같은 전통악기를 잘 다뤄서 인기
가 있는 베테랑 종업원이 있는가 하면, 얼굴을 하얗게 칠한 짙
은 화장만으로 손님을 끄는 종업원들도 있었습니다. 여기에서
기술을 없는 사람을 가리켜 시로히토(白人 · 하얀 사람)라는 말
이 생겼고, 그 발음이 시로-토로 바뀌었다는 거죠. '검정'을 뜻
하는 쿠로(玄)를 써서 '전문가'는 쿠로-토(玄人)라고 합니다.

니혼료-리 센몬카 日本料理專門家 > 일본요리 전문가
프로또 시로-토 プロと素人 > 프로와 아마추어

49. 센타크 せんたく · 洗濯

세탁, 빨래

섬나라 일본의 한여름 습도는 견디기 힘들 정도로 높습니다. 일본의 목욕 문화가 발달한 것도 날씨의 영향인데요. 퇴근 후에 집으로 돌아오면 일단 뜨거운 물에 몸부터 담그는 사람들이 많습니다. 당연히 빨래도 자주 할 수밖에 없겠죠?

'세탁'은 센타크라고 합니다. 여기에 '물건'을 뜻하는 모노(物)를 붙이면 '빨랫감'이라는 뜻의 센타크모노(洗濯物)가 되지요. '세탁기'는 센타크키(洗濯機)라고 합니다. '빨다'를 아라우(洗う)라고 하는데요. '손을 씻는다'고 할 때 테오 아라우(手を洗う)라고 하는 것처럼 무언가를 씻을 때도 사용합니다.

소-지또 센타크 掃除と洗濯 > 청소와 세탁
후통아라이 布団洗い > 이불빨래
코인란도리- コインランドリー > 빨래방(coin laundry)

테오 아랏떼 쿠다사이 手を洗ってください
> 손을 씻으세요

50. 센타크 せんたく · 選択

선택

"도-시요-까나(どうしようかな)~."

무언가를 선택해야 할 때, 일본인들이 아주 곤란한 표정을 지으며 이런 말을 합니다. 돌발적인 상황을 싫어해서인지 왠지 더 난감해 보이지요.

"난 선택장애인가 봐." 무언가를 잘 선택하지 못하는 사람들이 이런 말을 자주 하는데요. 일본에도 센타크쇼-가이(選択障害)라는 신조어가 있습니다. '일어나다'라는 뜻의 오키르(起きる)를 써서 센타크쇼-가이가 오키르(選択障害が起きる)라고 합니다. '선택장애가 온다'는 뜻이지요. '고르다', '선택하다'는 센타크스르(選択する)라고 하거나 에라브(選ぶ)라고 합니다.

 센타크시떼 쿠다사이 選択してください > 선택하세요

하야크 에란데 쿠다사이 早く選んでください > 빨리 고르세요

얏파리 센타크쇼-가이 やっぱり選択障害 > 역시 선택장애야

51. 마이니치 まいにち · 毎日

매일

일본에는 오래된 역사를 자랑하는 신문이 많은데요. 그중 하나가 마이니치신분(毎日新聞)입니다. 마이니치는 한자 매일(毎日)의 일본어 발음으로 '매일 일어나는 일을 전달하는 일간신문'이라는 의미가 담겨 있습니다. 마이니치마이니치(매일매일), 마이니치신분을 받아보는 사람이 많은 거지요.

　마이니치는 '나는 매일 무엇을 한다'라고 말하고 싶을 때 유용하게 쓸 수 있습니다. '매일 아침'은 마이니치 아사(毎日朝), '매일 밤'은 마이니치 방(毎日晩)이라고 하는데요. 간단하게 마이아사(毎朝), 마이방(毎晩)이라는 표현도 많이 사용합니다.

 마이아사 죠깅그! 毎朝ジョギング! > 매일 아침 조깅!

마이방 사케데스 毎晩酒です > 매일 밤 술입니다

52. 에-고 えいご · 英語

영어

"상큐-(サンキュー)."

　일본인들은 일상에서 영어를 의외로 많이 사용합니다. 일본어 속으로 스며든 일본식 영어가 많기 때문이죠. 상큐는 영어 Thank You를 일본어식으로 발음한 것입니다. 우리도 '땡큐'라고 많이 하지요?

　영어 학습에 대한 열의도 뜨겁습니다. 서점에 가면 영어 학습을 위한 에-카이와(英会話) 서적이 즐비하지요. 영어회화는 에-고카이와(英語会話)인데요. 줄여서 '에-카이와'라고도 합니다. 당연히 육아 영어에 대한 관심도 많은데요. 육아 영어는 코소다테에-고(子育て英語)라고 합니다.

　에-고처럼 어(語)가 들어가면 '고'로 발음합니다. 언어는 겐고(言語)입니다. 語가 들어간 다양한 단어들을 함께 알아볼까요.

 코크고 国語 > 국어

캉코크고 韓国語 > 한국어

츄-고크고 中国語 > 중국어

후란스고 フランス語 > 프랑스어

도이츠고 ドイツ語 > 독일어

탄고 単語 > 단어

고이 語彙 > 어휘

 니홍고모 에-고모 데끼마셍 日本語も英語もできません
> 일본어도 영어도 못해요

53. 스-가크 すうがく · 数学

수학

일본은 예부터 수학 강국이었습니다. 에도시대부터 쓰였던 와산(和算)만 봐도 그렇지요. 와(和)는 '일본', '일본식'이라는 의미입니다. '일본의 전통과자'를 와가시(和菓子)라고 하지요. 와후-(和風)는 '일본풍'이라는 뜻으로 '일본풍 가게'를 와후-노미세(和風の店)라고 합니다.

와산은 중국의 고대 셈법을 기초로 한 일본의 독자적인 수학을 가리키는 말입니다. 서민 사이에서 뿌리내려 발달해오다가 메이지시대 서양수학에 자리를 양보하고 사라졌지요. 서양수학은 요-잔(洋算)이라고 합니다.

산스-	算数	> 산수
카가크	科学	> 과학
옹가크	音楽	> 음악
다이가크	大学	> 대학
가크세-	学生	> 학생

54. 센세- せんせい · 先生

선생

모르는 사람을 어떻게 부르세요? '저기요'라고 부르는 경우가 많지요? 가끔 '선생님'이라고 하는 분들도 있을 텐데요. 일본에서는 선생님이라는 호칭에 조금 인색합니다. 실제로 가르치는 직업이 아니거나 의사, 정치인, 법조인 등이 아닌 경우에 선생님이라고 부르면 당황하는 사람이 많습니다. 또한 '님'을 붙이지 않는 것도 다른 점이지요. 우리가 선생님에게 '선생!'이라고만 부르는 건 아무래도 어색하지요?

 코와이 에-고센세- こわい英語先生 > 무서운 영어 선생

 센세-, 시츠몽시떼모 이-데스까?
先生、質問してもいいですか?
> 선생님, 질문해도 되나요?

센세또 욘데모 이-데스까? 先生と呼んでもいいですか?
> 선생이라고 불러도 될까요?

55. 운도- うんどう · 運動

운동

일본인 사망 원인 중 16%가 운동 부족 때문이라고 합니다. 세계 평균 9%보다 훨씬 높지요. 세계보건기구가 정의한 운동 부족이란 조깅과 같은 적절한 운동을 하는 시간이 일주일에 30분 미만일 때를 말합니다.

 운도-후소크 運動不足 > 운동 부족

 운도-시나캬! 運動しなきゃ! > 운동해야 해!

'운동해야 해'는 정확히 말하면 운도-시나케레바나리마셍(運動しなければなりません)인데요. 줄여서 '운도-시나캬'라고 합니다. 시나케레바나리마셍(しなければなりません), 시나캬(しなきゃ)는 '해야만 한다'는 뜻입니다.

그럼 '다이어트를 해야만 해!'라고 말해볼까요? 운도-대신 다이엣토(ダイエット)만 집어넣으면 되겠죠? 다이엣토시나케레바나리마셍(ダイエットしなければなりません)! 혹은 다이엣토시나캬(ダイエットしなきゃ)!라고 하면 됩니다.

운도-카이 運動会 > 운동회

운도-신케-노 와르이 히토 運動神経の悪い人
> 운동신경이 좋지 않은 사람

헤야데 고로고로, 운도-후소크 部屋でゴロゴロ、運動不足
> 방에서 빈둥빈둥, 운동부족

쿄-와 운도-시나캬! 今日は運動しなきゃ!
> 오늘은 운동해야지!

아시타카라 다이엣토다 明日からダイエットだ
> 내일부터 다이어트다

56. 켄도- けんどう · 剣道

검도

머리! 멋진 호면에 죽도. 힘찬 기합과 함께 상대방의 머리를 타격하는 건 검도의 상징적인 장면이지요. 한국에서는 머리를 외치지만 일본에서는 아타마(頭 · 머리)라고 외치지 않습니다. '얼굴'이나 '가면'을 뜻하는 멘(面)이라고 하지요.

일본의 검도 인구는 유도나 가라테 인구보다 훨씬 많습니다. '유도'는 쥬-도-(柔道), '가라테'는 카라테(空手)라고 합니다. 전일본검도연맹은 검도가 인간 형성을 위한 무도라고 강조합니다. 수련이 끝나면 지도를 해준 선배나 사범에게 절을 하고, 무릎을 꿇은 채 조언을 듣는 과정이 운동 이상의 역할을 합니다.

켄도-노시아이 剣道の試合 > 검도시합
켄도-센슈켄타이카이 剣道選手権大会 > 검도선수권대회
쥬-도-또 카라테노 쇼-부 柔道と空手の勝負
> 유도와 가라테의 승부

57. 야큐- やきゅう・野球

야구

"사요-나라(さようなら)!"

헤어질 때 하는 작별 인사죠. 연인과 이별할 때 이렇게 말하면 됩니다. 가까운 시일 내에 만날 사람에게 '사요-나라'라고 하지는 않습니다.

야구경기에서 상대 팀과 헤어질 때도 마찬가집니다. 야구에서 사요나라다(サヨナラ打)는 '끝내기 안타'를 뜻합니다. '끝내기 승'은 사요나라가치(サヨナラ勝ち)라고 합니다. 표기할 때는 우(う)를 빼기도 하고, 카타카나로 쓰는 경우도 많습니다. 카타카나로 표기할 때에도 우(ウ)를 제외하기도 합니다. '안타'는 안다(安打) 또는 힛토(ヒット), '만루홈런'은 만르이 호-므란(満塁ホームラン)입니다.

 이치로 센슈노 만르이 호-므란! イチロ選手の満塁ホームラン!
> 이치로 선수의 만루홈런!

일본의 국민스포츠 야구! 특히 여름을 뜨겁게 달구는 고교

야구를 빼놓을 수 없습니다. 티켓은 항상 매진되고, 관련 소식
이 신문 1면을 장식할 정도로 열기가 뜨겁습니다. 대회의 상
징인 코-시엔(甲子園)구장은 1924년에 지어졌는데요. 갑자년
에 지어졌기 때문에 코-시(甲子)가 됐습니다. 우리말로는 '갑
자원'이지요. 코시엔 대회에 진출한 선수들은 패배하면 코시
엔의 흙을 싸서 돌아가는 것으로도 유명합니다.

일본 최초의 원형지붕 구장은 도쿄돔입니다. 토-쿄-도-므(東
京ドーム)라고 하는데 예전에는 빗끄엣끄라는 (ビッグエッグ)
애칭으로도 불렸습니다. BIG EGG, 큰 달걀이라는 뜻이지요.

 야큐-죠-메구리 野球場めぐり > 야구장 순례
한신코-시엔큐-죠- 阪神甲子園球場 > 한신 코시엔 구장
토-쿄-도-므노 보-르보-이, 보-르가-르 보슈-
東京ドームのボールボーイ・ボールガール募集
> 도쿄돔 볼보이, 볼걸 모집

58. 도료크 どりょく · 努力

노력

"감밧떼(頑張って · 힘내)!"

일본인과 대화할 때 많이 들을 수 있는 표현입니다. 필요 이상으로 많이 사용하는 것 아닌가 하는 생각이 들기도 하지요. 감바리마스(頑張ります)!는 '힘낼게요!'라는 뜻인데요. 힘들어도 참고 잘 해보겠다는 의지를 스스로 다지는 겁니다.

'능력'은 노-료크(能力)라고 하는데요. 노-료크의 발음이 노력과 더 비슷하지 않나요? 좀 헷갈리지요. 力을 쓰는 단어는 쿄-료크(協力 · 협력), 지츠료크(実力 · 실력)도 있습니다.

쵸-노-료크 超能力 > 초능력
지츠료크 후소크 実力不足 > 실력 부족

감바리마스! 도료크시마스! 頑張ります! 努力します!
> 힘낼게요! 노력할게요!

쿄-료크시마스 協力します > 협력하겠습니다

59. 지칸 じかん·時間

시간

"아시 슷키리(足すっきり)."

발바닥에 파스처럼 붙이면 발의 피로를 풀어준다는 제품, 일본여행 중에 구입하시는 분들 많죠? 그 제품의 광고 문구인데요. 아시(足)는 '발', 슷키리(すっきり)는 '상쾌하다'는 뜻으로 '발을 상쾌하게'라는 의미입니다. 제품의 이름은 '휴족시간', 일본어로는 큐-소크지칸(休足時間)이라고 하지요. '발이 쉬는 시간'이라는 뜻입니다. 지칸처럼 時는 '지'로 발음할 때가 많습니다. '시각'은 지코크(時刻), '지각'은 치코크(遲刻)입니다.

이마 난지데스까? 今何時ですか? > 지금 몇 시입니까?

이마 이치지데스 今一時です > 지금 1시입니다

치코크시떼 스미마셍 遲刻してすみません
> 지각해서 죄송합니다

60. 텐고크 てんごく・天国

천국

"사랑은 돌아오는 거야!"

한국드라마에 나왔던 유명한 대사죠? 일본에서도 인기리에 방영됐습니다. 드라마나 주인공들의 이미지를 사용한 파친코 기계까지 출시됐지요. 드라마 제목도 우리말을 그대로 옮긴 〈텐고크노 카이단(天国の階段・천국의 계단)〉입니다.

천국의 반대말 '지옥'은 지고크(地獄)입니다. 일본에는 다양한 지옥을 순례하는 여행이 있는데요. 바다 지옥도 있고, 피의 연못 지옥도 있습니다. 오이타 현 벳부 시의 유명한 온천 관광 코스죠? 수백 미터의 땅 속에서 김이 솟아나는 모습이 마치 지옥과 같다고 해서 붙여진 이름입니다.

코꼬와 텐고크데스네 ここは天国ですね
> 여기는 천국이네요

카이샤와 지고크데스 会社は地獄です > 회사는 지옥입니다

61. 지신 じしん·地震

지진

"띠링띠링!" 일본에서 텔레비전을 보고 있으면 가끔 경고음과 함께 '긴급 지진 속보'라는 자막이 뜹니다. 큰 지진이 발생하면 방송을 끊고 뉴스 속보로 넘어가기도 하지요.

킨큐-지신소크호-가 핫표-사레마시따
緊急地震速報が発表されました
> 긴급 지진 속보가 발표됐습니다

일본은 지진 대국입니다. 흔들림을 경험하기 어렵지 않지요. '지진'은 지신(地震)으로 발음합니다. 지진이 발생한 '진원'은 신겐(震源), 지진이 얼마나 강력한지 확인할 수 있는 '진도'는 신도(震度)입니다. 그리고 마그니쥬-도(マグニチュード)로 발음하는 '매그니튜드'가 있지요. 매그니튜드는 진도와 헷갈리기 쉬운데요. 지진 그 자체의 규모를 나타냅니다. M4.3 등으로 표시되지요. 그에 비해 진도는 지역별 흔들림의 크기를 말합니다. 매그니튜드가 작은 지진이라고 해도 진원과 가까운 지역이라면 진도는 크겠지요.

지신타이코크 地震大国 > 지진 대국
츠요이 지신 強い地震 > 강한 지진
지신핫세- 地震発生 > 지진발생

지진이 발생하면 가장 주의해야 할 게 바로 츠나미(津波 · 쓰나미)입니다. 일본인들은 내진설계가 잘돼 있어서 지진으로 인한 사고의 걱정은 덜 하는 것 같습니다. 그런데 동일본대지진의 사례에서 보았듯이 츠나미는 두려운 존재입니다. 그래서 지진 속보에서는 츠나미 발생 우려가 있는지 없는지를 반드시 알려줍니다.

츠나미노 신파이와 아리마셍 津波の心配はありません
> 쓰나미의 우려는 없습니다

62. 지신 じしん · 自身

자신

지신가 아리마셍 自信がありません
> 자신이 없어요

카노죠 지신노 몬다이 彼女自身の問題
> 그녀 자신의 문제

한국어와 마찬가지로 일본어에서도 자신을 뜻하는 단어가 다양합니다. 먼저 지신(自信)은 '자신'입니다. 위 예문처럼 '자신이 없다'거나 다른 인칭대명사를 강조할 때 사용합니다.

지분지신 自分自身 > 자기자신

위에서 지분(自分)은 '자기'로 해석했는데요. 우리말 자기와는 쓰임새가 다릅니다. 우리말에서는 스스로 무엇을 하겠다고 할 때 '자기가 하겠습니다'라고 하지는 않지요? 그런데 일본어에서는 지분데 야리마스(自分でやります)라고 합니다.

비슷한 말이 하나 더 있습니다. 우리말로 '자기'라고 읽는 한자어, 지코(自己)입니다. 지코는 타인이 바라보는 자신이라고 생각하면 쉽습니다. 자신만 생각하는 이기적인 사람을 자기중심적이라고 하지요? 자기 관리나 자기만족도 있고요.

지코츄ー 自己中 > 자기중심적
지코만조크 自己満足 > 자기만족
지코칸리 自己管理 > 자기관리
지코아피ー르 自己アピール > 자기어필
지코세키닌 自己責任 > 자기책임

지코쇼ー카이시떼 쿠다사이 自己紹介してください
> 자기소개 해주세요

63. 칸탄 かんたん · 簡単

간단

일본사회는 결코 간단하지 않습니다. 매뉴얼부터 꼼꼼히 읽어보고 차근차근 절차를 잘 지켜야 합니다. 띄엄띄엄 생각했다가는 다시 원점으로 돌아오기 쉽습니다. 천천히 가는 게 빠른 곳이지요. 그런 일본에서도 요리는 간단한 게 인기입니다. 칸탄 레시피(簡単レシピ)로 검색하면 많은 정보를 찾아볼 수 있습니다.

잇푼데 데끼르 칸탄 레시피 一分でできる簡単レシピ
> 1분에 할 수 있는 간단 레시피
쵸-칸탄 오카즈 레시피 超簡単おかずレシピ
> 초간단 반찬 레시피
쇼신샤데모 칸탄 初心者でも簡単 > 초보자라도 간단

64. 벤리 べんり · 便利

편리

벤리의 반대말은 후벤(不便)입니다. '불편'이라는 뜻이지요. 반대의 뜻을 가진 이 두 단어가 모두 들어간 제목의 일본 드라마 〈후벤나 벤리야(不便な便利屋)〉가 있습니다. 도쿄를 떠나기로 결심한 주인공 준이 홋카이도에서 눈보라를 만나면서 겪게 되는 이야기입니다. 발이 묶이게 된 준이 머물게 된 곳이 벤리야(便利屋)인데요. 직원들과 함께 강아지 산책시키기나 눈 치우기 등의 일을 하면서 지냅니다. 드라마에서 2036개의 눈사람을 만들어 기네스북에 오르기도 했지요. 벤리야는 편리함을 취급하는 곳, 즉 '심부름 센터'를 말합니다. 제목 후벤나 벤리야는 '불편한 심부름 센터'라는 뜻이지요.

벤리나 세-카츠 便利な生活 > 편리한 생활

이로이로 후벤데스 いろいろ不便です
> 여러 가지로 불편해요

지명과 친해지면 일본어 지식이 저절로 생긴다?!

일본여행에서 자연스럽게 듣기 공부를 할 수 있는 곳이 어디일까요? 그것도 아주 좋은 발음으로 같은 어휘를 반복해서 들려주는 곳이 있습니다. 전철이나 지하철이지요.

전철을 타고 목적지까지 잘 찾아가려면 안내방송을 잘 듣고, 노선도를 몇 번이고 꼼꼼히 살펴봐야죠? 이때 역 이름을 반복해서 보고 듣다 보면 머지않아 새로운 발견을 하게 됩니다. 단순히 역 이름을 잘 알게 된다는 의미가 아닙니다. 내 손에 쥐고 있는 사각형의 노선도 안에 재미있는 일본어 지식들이 적절하게 배치돼 있습니다.

1. 역사와 문화 지식 익히기

도쿄의 중심 황거가 있는 오-테마치(大手町) 역을 볼까요? 오-테(大手)는 한자 그대로 풀이하면 '큰손'이라는 뜻이지요? 또 규모가 큰 회사나 성의 '정면 출입구'를 오-테라고 합니다. '대기업'은 '기업'을 뜻하는 키교-(企業)를 붙여 오-테키교-(大手企業)라고 하지요. 황거를 돌다 보면 오-테몬(大手門)과 마주하게 되는데요. 성의 주 출입구인 오-테몬이 있는 마을을 '오-테마치'라고 합니다. 그래서 오-테마치란 지명은 도쿄뿐만 아니라 히로시마, 후쿠오카, 쿠마모토 등 일본 곳곳에 있습니다.

혹시 지금 노선도를 손에 들고 있나요? 오-테마치 바로 아래에 같은

한자로 끝나는 역 이름이 또 있죠? 이번에는 町를 쵸-로 읽어 유-라크쵸-(有楽町)라고 합니다. '마을'을 뜻하는 같은 한자인데 마치(まち)로도 읽고 쵸-(ちょう)로도 읽는 거죠. 유-라크쵸-센(有楽町線)은 도쿄 메트로가 운영하는 지하철 노선 중 하나이기도 합니다.

노선에는 없지만 쵸-가 들어간 곳을 하나 더 살펴볼까요? 동양 최대의 환락가라고 하는 신주쿠의 카부키쵸-(歌舞伎町)에는 왜 카부키(歌舞伎)라는 이름이 붙었을까요? 일본의 고전 연극인 카부키를 볼 수 있는 극장 카부키자(歌舞伎座)는 긴자에 있는데 말이지요. 그 이유는 2차대전 당시 연합군의 도쿄대공습 이후, 폐허가 됐던 이 지역에 카부키 공연장을 비롯한 문화예술 시설을 집중적으로 건설한다는 도시계획이 세워졌고, 그에 따라 지명도 카부키쵸-라고 했기 때문입니다. 계획은 무산됐지만요. 이처럼 町가 들어간 지명은 일본 전국에 700개가 넘는데요. 서쪽에서는 쵸-, 동쪽에서는 마치로 읽는 경향이 강합니다.

2. 다양한 어휘 공부까지

니혼바시(日本橋) 역으로 가볼까요? '다리'를 뜻하는 하시(はし)가 연음현상으로 바시(ばし)가 됐습니다. '일본 다리'라는 뜻이죠? 맨 처음 니혼바시는 1603년에 나무로 만들어졌습니다. 지금의 아치형 돌다리는 1911년에 완성됐지요. 일본 도로망의 기점으로 도로 원표가 있는 곳이기도 합니다. 니혼바시 지역은 히가시노 게이고의 『신참자』에서 카가 형사의 활동 무대가 됐던 곳으로 현대식 건물과 옛 도쿄의 정취가 한데 어우러집니다.

오사카에 있는 日本橋는 니혼바시가 아니라 '닛폰바시'로 읽습니다. 도쿄 니혼바시에서 지하철로 두 정거장만 가면 '새로운 다리'라는 뜻의 신바시(新橋) 역이 있고, 도쿄돔 근처에는 스이도-바시(水道橋) 역과 이-다바시(飯田橋) 역이 있지요. 나가사키에는 메가네바시(眼鏡橋)라는 유명한 다리가 있습니다. 메가네(眼鏡)는 '안경'을 뜻하는 말로 우리말로는 '안경 다리'입니다. 1634년에 건설된 일본에서 가장 오래된 다리인데요. 수면에 비친 다리의 모습이 안경 같다고 해서 붙여진 이름입니다.

방향도 쉽게 익힐 수 있습니다. 히가시긴자(東銀座)나 니시와세다(西早稻田), 미나미오타루(南小樽), 키타큐슈(北九州)처럼 이름에 동, 서, 남, 북을 뜻하는 한자가 붙은 곳도 많지요.

특이한 역 이름도 많습니다. 이바라키 현 카시마 시에는 일본에서 가장 긴 이름을 가진 역이 있는데요. 쵸-쟈가하마시오사이하마나스코-엔마에(長者ヶ浜潮騒はまなす公園前) 역입니다. 의미까지는 모르더라도 몇 번만 읽다 보면 히라가나나 한자 공부가 저절로 되겠죠? '미안하다'는 뜻의 고멘나사이(ごめんなさい)를 친한 사이에는 줄여서 가볍게 고멘(ご めん)이라고 하는데요. 코치 현 난코크 시에는 '고멘'이라는 역이 있습니다. 물론 미안하다는 뜻은 아닙니다. 사이타마 현 후카야 시에는 '너다!' 라고 할 때 쓰는 오마에다(おまえだ) 역도 있습니다. 역시 뜻은 다르지요.

도쿄에 있는 오-지(王子)역은 왜 '왕자'가 됐을까? 오챠노미즈(お茶の水) 역은 '차의 물'이라는 뜻인데 어떤 배경이 있을까? 이렇게 조금만 호기심을 갖고 역이나 지역의 이름을 접하다 보면 일본어 실력은 쑥쑥 늘지 않을까요.

3.

영어도 일본식으로
읽으면 일본어가 된다?

-외래어 그대로 쓰는 다양한 일본어

스마호·산도잇치·캇푸르·팡… 따라 읽다 보면 빠
져드는 일본어 속 외래어! 금세 입에 착착 감기네?

1. 도링크 ドリンク

음료수, 마실 것

이자카야나 음식점에서 자리를 잡으면 종업원이 와서 주문을 받지요. 먼저 마실 걸 어떻게 할지 물어보는데요. 이때 도링크를 쓰기도 하고, 노미모노(飲み物)라고도 합니다.

도링크는 drink의 일본어 발음입니다. 쥬-스(ジュース) 같은 음료는 소후토도링크(ソフトドリンク)라고 합니다.

노미모노를 볼까요? 노미(飲み)는 '마시다'는 뜻이고, 모노(物)는 '물건'을 나타내지요. '마실 것'을 말합니다. 도링크나 노미모노가 들리면 '아 뭘 마실 건지 물어보는구나'라고 생각하면 되겠죠?

원하지 않으면 다이죠-부데스(大丈夫です), 나중에 주문하고 싶으면 아토데 츄-몬시마스(後で注文します)라고 하면 됩니다. 기억해두었다가 일본여행에서 잘 활용해보세요.

 노미모노와 나니가 아리마스까? 飲み物は何がありますか?
> 마실 건 뭐가 있어요?

도링크 메뉴― ドリンクメニュー > 음료수 메뉴

코―라 コーラ > 콜라

스프라이토 スプライト > 스프라이트

진쟈―에―르 ジンジャーエール > 진저에일

우―롱챠 ウーロン茶 > 우롱차

코―챠 紅茶 > 홍차

2. 와인 ワイン

와인

일본의 연간 와인 소비량은 1인당 네 병이 넘습니다. 한국의 세 배 이상이지요. 특히 일본여성들의 사회 진출이 활발해지면서부터 와인 소비가 크게 늘었는데요. 지금까지 일곱 차례의 와인부-므(ワインブーム)가 있었습니다. 큰 유행이나 호황을 뜻하는 붐은 부-므(ブーム)라고 합니다.

고도 경제성장으로 사람들이 여유와 즐길거리를 찾았던 1970년, 때마침 외국산 와인의 수입이 자유화되면서 1차 와인붐이 일었습니다. 2차는 1978년, 가정에서 와인을 즐기는 사람들이 늘고, 일본산 와인도 출시됐습니다. 7차는 2012년쯤인데 스페인 요리의 유행, 일본산 와인의 품질 향상, 저가 수입 와인의 시장 확대 등 다양한 요인이 있었습니다.

화이토와인 ホワイトワイン > 화이트와인(시로와인 · 白ワイン)
렛또와인 レッドワイン > 레드와인(아카와인 · 赤ワイン)
스파-크링그와인 スパークリングワイン > 스파클링와인
와인노미호-다이 ワイン飲み放題 > 와인 무제한

3. 데자-토 デザート

디저트

밥 배와 디저트 배는 따로? 식사를 했는데 달콤한 디저트가 또 먹고 싶을 때! 일본어에도 이럴 때 쓰는 표현이 있습니다.

데자-토와 베츠바라 デザートは別腹
> 디저트는 다른 배

베츠(別)는 '별도의', '다른'이라는 뜻입니다. 바라(腹)는 '배'를 뜻하지요. 腹는 원래 '하라'로 읽지만 연음 현상으로 '바라'가 되었습니다.

데자-토는 프랑스어 dessert에서 온 말입니다. '식탁을 정리한다'는 뜻에서 유래한 단어인데요. 케이크나 아이스크림 등 서양식 디저트를 가리킬 때는 갈수록 스이-츠(スイーツ・sweets)를 많이 쓰고 있습니다.

와후- 데자-토 和風デザート > 일본풍 디저트
데자-토 오-코크 デザート王国 > 디저트 왕국

4. 코-히- コーヒー

커피

카후히-(カフヒー). 1872년에 출판된 일본 최초의 서양요리 해설서에 언급된 '커피'입니다[wikipedia 커피의 역사(コーヒーの 歴史) 참조]. 일본에 커피가 처음으로 등장한 건 18세기로 알려져 있습니다. 나가사키에 드나들던 네덜란드인에 의해서였지요. 에도막부의 쇄국정책으로 대중이 커피를 맛보게 되기까지는 더 오랜 시간이 걸렸습니다.

커피콩이 정식으로 수입된 건 1868년쯤. 요코하마의 외국인 거류지에 서양인을 대상으로 한 커피하우스가 문을 열었습니다. 말 그대로 코-히-하우스(コーヒーハウス)지요.

그로부터 20년 뒤에는 도쿄 우에노에 일본인들도 커피맛을 볼 수 있는 카히-챠칸(可否茶館)이 개업했습니다. '커피와 차를 마실 수 있는 곳'이라는 뜻인데요. 카후히, 카히-, 코-히-… 커피 이름의 변천사도 재미있지요?

세계 최초로 캔커피를 만든 곳은 일본입니다. 우에시마 코-히-의 우에시마 타다오 사장이 역 플랫폼에서 병에 든 커피우유를 사 마시다가 떠올린 아이디어라고 하지요. 이듬해 열린 오사카 만국박람회를 계기로 캔커피는 입소문이 나면서 주문이 쇄도했다고 합니다.

홋토코-히- ホットコーヒー > 핫커피
칸코-히- 缶コーヒー > 캔커피
브렌도코-히- ブレンドコーヒー > 블렌드커피
아이스코-히- アイスコ-ヒー > 아이스커피
도릿푸코-히- ドリップコーヒー > 드립커피
윈나-코-히- ウィンナーコーヒー > 비엔나커피
카훼오-레 カフェオーレ > 카페오레
카훼라테 カフェラテ > 카페라떼
미르크코-히- ミルクコーヒー > 밀크커피
시롯푸 シロップ > 시럽
사토- 砂糖 > 설탕

5. 스타바 スタバ

스타벅스

스타-밧크스(スターバックス)의 줄임말입니다.

일본의 스타벅스 1호점은 도쿄의 긴자! 북미를 빼고는 첫 스타벅스 매장이었지요. 점포수가 1000곳을 넘은 나라도 미국과 캐나다에 이어 일본이 세 번째였다고 합니다. 일본인들의 스타벅스 애정도 만만치 않은 거죠.

일본의 스타벅스는 외국인 여행자들에게도 인기입니다. 오래된 일본의 전통가옥을 그대로 살려 스타벅스로 바꾼 곳도 있고, 일본 특유의 감각을 입힌 개성 있는 매장을 찾아다니는 것도 재미가 쏠쏠합니다.

스타바 탐브라- スタバ タンブラー > 스타벅스 텀블러
니혼겐테-노 스타바마그 日本限定のスタバマグ
> 일본 한정 스타벅스 머그컵

6. 팡 パン

빵

한국에서도 인기를 끌었던 만화 호빵맨! 그의 원래 이름은 앙 팡만(アンパンマン)입니다. 호빵이 아니라 앙꼬가 들어 있는 앙 꼬빵이지요. 우리말로는 단팥빵입니다. 서양인들이 만든 빵을 일본인들의 입맛에 맞도록 단맛을 더한 게 앙팡(アンパン)의 시초인데요.

앙팡을 처음으로 만든 사람은 도쿄 긴자 키무라야(木村屋) 의 창업자 키무라 야스베입니다. 키무라야는 지금도 성업 중 이지요. 메이지 일왕이 키무라의 앙팡을 처음 맛본 날을 기념 해 키무라야는 4월 4일을 앙팡의 날로 지정했다고 하네요.

메론팡또 크리-무팡 メロンパンとクリームパン
> 메론빵과 크림빵
팡야노 니오이 パン屋の匂い > 빵 가게의 냄새

7. 라이스 ライス

쌀밥

쌀은 일본어로 코메(米)입니다. 코메로 만든 밥은 고항(御飯)
이지요. 아침, 낮, 저녁을 붙여서 아사고항(朝御飯), 히르고항
(昼御飯), 방고항(晩御飯)처럼 식사의 뜻으로도 쓰입니다.

서양식 레스토랑의 쌀밥을 라이스, 일본음식점의 쌀밥을
고항으로 구분할 수도 있는데요. 그렇다고 철저하게 구분하는
건 아닙니다. 라-멘 가게는 서양식 레스토랑은 아니지만 메뉴
에 라이스라고 적어놓은 곳이 많습니다. '라이스 쿠다사이!(ラ
イスください)'라고 하면 밥 한 그릇을 줍니다. 한(半)을 붙인
한라이스(半ライス)는 절반 사이즈입니다.

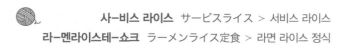

사-비스 라이스 サービスライス > 서비스 라이스
라-멘라이스테-쇼크 ラーメンライス定食 > 라면 라이스 정식

8. 톤카츠 とんカツ · 豚カツ

돈가스

'톤카츠'는 영어일까요? 일본어일까요? 톤(豚)은 '돼지'를 뜻합니다. 카츠는 영어 cutlet(다진 고기에 빵가루를 묻혀 튀긴 요리)의 일본어 발음인 카츠레츠(カツレツ)에서 앞 두 글자를 땄지요. 즉 톤카츠는 영어와 일본어를 합친 말입니다. 서양의 커틀릿에서 유래했지만 대표적인 일본요리입니다.

　일본의 한 식품회사가 10월 1일을 '톤카츠의 날'로 만들어 홍보하고 있는데요. 톤카츠의 카츠(カツ)가 '이기다'는 뜻의 카츠(勝つ)와 발음이 같다는 데서 착안했습니다. 스포츠의 계절인 가을에 톤카츠를 먹고 건강해지고, 또 승부에서도 이기자는 의미가 담겼다고 합니다.

톤카츠 소스 豚カツソース > 돈가스 소스
히레카츠 ヒレカツ > 안심가스
로-스카츠 ロースカツ > 등심가스
카츠카레- カツカレー > 돈가스카레

9. 크레짓토카-도
クレジットカード

신용카드

일본은 도시에서도 신용카드를 쓸 수 없는 가게가 꽤 있습니다. 라-멘 가게나 카레 전문점에서도 자판기에서 식권을 뽑아 주문하는 곳이 많으니 당연하겠죠? 여행을 갈 때 엔화를 충분히 챙기지 않았다가는 곤란한 일이 생길 수도 있습니다. 고급 레스토랑만 다닌다면 문제가 없겠습니다만, 현금이 없다면 크레짓토카-도를 쓸 수 있는지 음식을 주문하기 전에 꼭 먼저 물어보는 게 좋습니다. 줄여서 크레카(クレカ)라고도 합니다.

 크레카 카노- クレカ可能 > 신용카드 가능

 크레짓토카-도 츠카에마스까? クレジットカード使えますか?
> 신용카드 쓸 수 있습니까?

10. 캇푸르 カップル

커플

'나고야 아벡크 살인사건'을 아시나요? 소년소녀의 잔혹함이 일본사회에 큰 충격을 줬던 사건입니다. 1988년, 일본 나고야의 한 공원에서 남녀 커플이 심한 폭행을 당하다 결국 살해됐는데요. 아직 성인이 되지 않은 10대들의 범죄였습니다.

여기서 아벡크는 '커플'을 뜻합니다. '~과 함께'라는 뜻의 프랑스어 avec에서 온 표현인데요. 오랫동안 커플의 의미로 쓰이다가 요즘은 사용하는 이들이 많이 줄었습니다. 아직도 스포츠 뉴스에서는 종종 들을 수 있습니다. 야구경기에서 연타석 홈런을 아벡크 호-므란(アベックホームラン), 남녀가 모두 우승하면 아벡크 유-쇼-(アベック優勝)라고 합니다.

캇푸르 세-리츠 カップル成立 > 커플 성립
비난비죠캇푸르 美男美女カップル > 미남미녀 커플

11. 숏핑그 ショッピング

쇼핑

쇼핑은 어떻게 하시나요? 인터넷으로 물건을 사는 넷토숏핑그(ネットショッピング · 인터넷 쇼핑)? 아니면 숏핑그모-르(ショッピングモール · 쇼핑몰)에 직접 가시나요? 둘러만 본다고요? 그건 아이쇼핑이 아니라 윈도-숏핑그(ウィンドウショッピング)라고 합니다.

쇼핑과 비슷한 의미로 쓰이는 표현이 또 있습니다. 카이모노(買い物)인데요. 카이(買い)는 무언가를 '산다'는 뜻이고, 모노(物)는 '물건'이니까 '물건을 사는 것'이지요.

 슈미와 윈도-숏핑그 趣味はウィンドウショッピング
> 취미는 아이쇼핑

카이모노부쿠로 買い物袋 > 쇼핑백

12. 데파-토 デパート

백화점

동쪽은 데파-토! 서쪽은 햣카텐!

데파-토멘토스토아(デパートメントストア)를 줄여서 데파-토라고 합니다. 물론 우리말 '백화점'에 해당하는 한자어 햣카텐(百貨店)도 사용합니다. 두 단어는 모두 백화점을 뜻하지만 단어의 구성은 좀 다르지요. 영어 department store는 구획이 나눠진 상점들을 모아 놓은 곳을 뜻하고, 햣카텐은 한자 뜻 그대로 웬만한 물건은 다 있는 곳입니다.

더 재미있는 점은 일본에서는 지역에 따라서 백화점을 다르게 부른다는 겁니다. 도쿄 등 관동에서는 데파-토, 오사카 등 관서에서는 햣카텐을 더 잘 씁니다.

데파-토노 케쇼-힌 코-나- デパートの化粧品コーナー
> 백화점의 화장품 코너

이치방 오-키- 햣카텐 一番大きい百貨店 > 가장 큰 백화점

13. 프레젠토 プレゼント

선물

'선물'의 의미로 주로 쓰는 말은 오미야게(お土産)입니다. 그 지역에서 나는 '토산물'이란 뜻도 있고, '기념품'의 뜻으로도 쓰지요. 여행이나 출장을 다녀오면서, 혹은 남의 집에 방문할 때 일본인들은 오미야게를 준비합니다.

선물을 뜻하는 단어는 그 밖에도 다양합니다. 기후토(ギフト · gift)보다는 프레젠토(プレゼント · present)를 더 많이 씁니다. 기후토는 다른 단어와 조합해서 쓰는 경우가 많지요. 기후토카ー도(ギフトカード · 상품권), 기후토셋토(ギフトセット · 선물세트)처럼요. 또 오쿠리모노(贈り物)도 있습니다. 프레젠토보다는 좀 무거운 느낌이지요.

탄죠ー비프레젠토 誕生日プレゼント > 생일선물
데자ー토기후토켄 デザート ギフト券 > 디저트 선물권
쿠ー코ー노 오미야게 코ー나ー 空港のお土産コーナー
> 공항의 선물 코너

14. 세ー르 セール

세일

연말이 되면 세일 행사 기다리는 분들 많죠? 일본에서도 크리스마스 세일이나 후쿠부쿠로(福袋)처럼 저렴하게 물건을 살 수 있는 행사들이 많이 있습니다. 후쿠부쿠로는 '복주머니'라는 뜻인데요. 백화점이나 브랜드 매장에서 낱개 상품들을 한데 묶어 봉투째 판매하는 것을 말합니다. 행사를 하는 곳에는 새벽부터 줄이 길게 늘어서 몇 시간씩 기다리기도 하지요.

그렇지만 내용물은 모두 랜덤! 후쿠부쿠로를 살 사람도 어떤 상품이 들어 있는지 알 수가 없습니다. 그런 식으로 한 해 운을 점쳐본다는 의미도 있습니다. 들어 있는 상품에 아쉬움이 남더라도 평소 좋아하는 브랜드의 상품을 저렴한 가격에 살 수 있어서 만족하지요.

넨마츠세ー르 年末セール > 연말 세일
스타바 후쿠부쿠로 スタバ福袋 > 스타벅스 복주머니

할인은 와리비키(割引)라고 하는데요. 와리(割)는 '비율'을 뜻하는 '할'입니다. 이치와리비키(1割引)라고 하면 1할, 즉 '10% 할인'입니다.

겐킨 와리비키 現金割引 > 현금 할인
가크세- 와리비키 学生割引 > 학생 할인
한가크 와리비키 半額割引 > 반액 할인

15. 스-파- スーパー

슈퍼마켓

슈퍼마켓은 스-파-마-켓토(スーパーマーケット)라고 합니다.
줄여서 스-파-라고 하는데요. 한국의 대형 마트에 해당하는
곳도, 동네의 작은 슈퍼마켓도 일본에서는 모두 스-파-입니다.

스-파-체엔 スーパーチェーン > 슈퍼마켓 체인
넷토스-파- ネットスーパー > 인터넷 슈퍼마켓

16. 콤비니 コンビニ

편의점

일본에서 많기로 유명한 것! 바로 자동판매기와 편의점입니다. '편의점'은 영어로 convenience store, 일본어로는 콤비니엔스스토아(コンビニエンスストア)인데요. 여기서 앞 세 글자만 따서 '콤비니'라고 합니다.

일본은 '편의점 없이는 살 수 없는 곳인가' 하는 생각이 들 정도로 구석구석 편의점이 있습니다. 들어가 보면 없는 게 없지요. 도시락 맛도 훌륭하고, 잠시 서서 이런저런 잡지를 보기도 합니다. 웬만한 생필품은 다 갖추고 있고, 추운 계절에는 뜨끈한 어묵도 먹을 수 있지요.

편의점 빵 맛이 그리워 일본을 다시 찾기도 합니다. 케이크와 같은 달콤한 먹을거리, 콤비니스이-츠(コンビニスイーツ)는 인기가 대단합니다.

외국인들이 깜짝 놀라는 건 언제든 이용할 수 있는 일본 편의점의 화장실! 화장실은 토이레(トイレ)라고 하는데요. 깨끗한 편의점 화장실, 즉 콤비니 토이레(コンビニトイレ)의 이용자

가 점점 늘어나면서 매너를 지켜달라는 호소문도 자주 볼 수 있습니다.

아사와 콤비니스이ー츠, 요르와 콤비니벤토ー
朝はコンビニスイーツ、夜はコンビニ弁当
> 아침은 편의점 스위츠, 저녁은 편의점 도시락
세븐이레노 신하츠바이 티라미스 セブンイレの新発売ティラミス
> 세븐일레븐의 신발매 티라미스
화미마 콤비니스이ー츠 ファミマコンビニスイーツ
> 패밀리마트 편의점 스위츠

17. 칭 チン

띵

칭은 속어입니다. 그렇지만 일상에서 많이 사용하는 표현이지요. 전자레인지가 다 돌아갔을 때 나는 소리를 '칭'이라고 합니다. 우리말로는 '띵'에 가깝지요? 물론 거기서 끝이 아닙니다. '전자레인지로 음식을 데우다'라고 할 때 '칭을 한다'고 말합니다. '~을 하다'는 뜻의 스르(する)를 붙여 칭스르(チンする)라고 합니다. 전자레인지를 뜻하는 덴시렌지(電子レンジ)의 렌(レン)과 칭을 합쳐 렌칭(レンチン)이라고도 합니다.

오벤토-아타타메마스까? お弁当暖めますか?
> 도시락 데우시겠습니까?

하이, 칭시떼 쿠다사이 はい、チンしてください
> 네, 데워주세요

렌칭 지칸와 산푼! レンチン時間は3分!
> 전자레인지로 데우는 시간은 3분!

18. 지-팡 ジーパン

진(청바지)

〈지아이제인〉, 〈지아이조〉. 익숙한 영화 제목이죠?

지아이(GI)는 Government Issued의 줄임말입니다. '정부 관급품'이라는 뜻인데요. '미군병사'를 일컫는 속어이기도 하지요. 일본식 영어 지-팡도 여기에서 유래했습니다. 2차대전이 끝나고 일본에 주류했던 미국병사들, 즉 'GI들이 입던 바지'인 판츠(パンツ)를 GI판츠(GIパンツ)라고 불렀는데요. 여기서 G와 판(パン)을 합쳐 G팡, 즉 지-팡이 된 겁니다.

지-팡니 네크타이 ジーパンにネクタイ
> 청바지에 넥타이
지-팡노 코인포켓토 ジーパンのコインポケット
> 청바지 동전 주머니

19. 레자- レザー

가죽

사람의 가죽으로 만든 가면을 쓰고, 전기톱을 들고 다니는 무
시무시한 살인마. 영화 〈텍사스 전기톱 연쇄살인사건〉의 주인
공이지요. 그가 쓰는 가죽 가면은 공포의 상징입니다. 영어로
는 leatherface라고 불리는데요. 일본어로는 레자-훼이스(レ
ザーフェイス)라고 합니다. 더 무섭게 들리나요? 영어 the를 일
본어로는 '자'로 발음하기 때문에 레자-가 됩니다.

레자-자켓토 レザージャケット > 가죽 재킷
레자-코-토 レザーコート > 가죽 코트
레자-슈-즈 レザーシューズ > 가죽 신발

20. 이야링그 イヤリング

귀고리

귀고리는 주로 이야링그라고 합니다. 영어 earing에서 왔지요. '귀장식'이라는 뜻의 미미카자리(耳飾り)라는 표현도 있지만 잘 쓰지 않습니다. 마찬가지로 '목걸이'도 넷크레스(ネックレス·necklace)를 사용합니다. '목장식'을 뜻하는 쿠비카자리(首飾り)도 흔히 말하는 목걸이로는 잘 사용하지 않습니다. '팔찌'는 브레슬렛토(ブレスレット·bracelet)입니다. 팔을 뜻하는 우데(腕), 원형을 뜻하는 와(輪)를 더한 우데와(腕輪) 역시 잘 사용하지 않지요. 우데와라고 하면 '수갑'을 떠올리는 사람도 있습니다.

반지는 좀 다릅니다. 상징성 때문일까요? 손가락을 뜻하는 유비(指)를 쓴 일본어 유비와(指輪)를 여전히 많이 사용합니다.

아크세사리- アクセサリー > 액세서리
신쥬이야링그 真珠イヤリング > 진주 귀걸이
켓콘유비와 結婚指輪 > 결혼반지
웨딩그 넷크레스 ウエディングネックレス > 웨딩 목걸이

21. 보탄 ボタン

버튼, 단추

보탄은 '단추'를 뜻하는 포르투갈어 botao에서 유래한 것으로 알려져 있습니다. 메이지시대 일본에 서양 문물이 도입되고, 입는 옷도 점차 서양식으로 달라지면서 이와 비슷한 발음의 보탄을 계속 사용해온 것이지요. 과거에는 지갑 끈에 보탄을 매달아 바지에 고정시키는 용도로도 썼다고 합니다.

또한 엘리베이터나 기계의 버튼도 보탄이라고 합니다. 이건 한국의 '버튼'과 쓰임새가 같지요? 일본에서는 우리가 쓰는 단추도 버튼도 다 보탄입니다. 손목시계에 주로 쓰이는 '소형 전지'는 보탄 덴치(ボタン電池), '단춧구멍'은 보탄아나(ボタン穴) 또는 보탄호-르(ボタンホール)라고 합니다.

만나카노 보탄 真ん中のボタン > 한가운데 버튼
스마호 호-므보탄 スマホホームボタン > 스마트폰 홈버튼

보탄가 오치마시따 ボタンが落ちました
> 단추가 떨어졌어요

22. 밋크스 ミックス

믹스

이로이로 밋크스 いろいろミックス > 여러 가지 믹스

어떤 맛 아이스크림을 좋아하세요? 바닐라? 초콜릿? 아니면 섞어 먹는 것? 그렇다면 주문할 때 밋크스시떼 쿠다사이(ミックスしてください)라고 하면 됩니다. 이것저것 여러 가지를 함께 먹고 싶으면 앞에 이로이로(いろいろ)를 넣으면 되지요. 밋크스는 마제르(混ぜる · 섞다)로 바꿔 쓸 수도 있는데요. 마제떼 쿠다사이(混ぜてください)라고 하면 '섞어주세요'가 됩니다.

후루―츠밋크스 フルーツミックス > 과일 믹스
시―후―도밋크스노 이타리안파스타
シーフードミックスのイタリアンパスタ
> 시푸드 믹스 이탈리언 파스타

23. 코스프레 コスプレ

코스프레

오타쿠 총집합! 1년에 두 번. 일본 전역의 오타쿠들이 한데 모이는 행사가 도쿄에서 열립니다. 만화, 아니메, 코스프레를 좋아하는 사람들이 총집결하지요. 코믹크마-켓토(コミックマーケット), '코믹 마켓'입니다. 여름인 8월에 열리는 마켓은 나츠코미(夏コミ), 12월에 열리는 겨울 마켓은 후유코미(冬コミ)라고 합니다. 코미는 '코믹크'를 줄인 말인데요. 행사 이름도 코미케(コミケ)나 코미켓토(コミケット)로 줄여서 부릅니다.

costumeplay의 일본어 발음은 코스츄-므프레-(コスチュームプレー), 줄여서 코스프레라고 하지요. 세계 어디에서나 '코스프레'만으로도 통용되는 일본의 독특한 문화입니다. 코스프레를 하는 사람은 코스프레이야-(コスプレイヤー)라고 합니다.

아니메노 코스프레 アニメのコスプレ > 애니메이션 코스프레
이케멘 코스프레이야- イケメンコスプレイヤー
> 미남 코스튬 플레이어

24. 아이도르 アイドル

아이돌

일본의 아이돌 하면 AKB48을 빼놓을 수 없지요. 2005년에 결성돼 아키하바라를 주무대로 활동하며 일본에 아이돌 신드롬을 일으켰습니다. AKB라는 이름도 아키하바라(AKIHABARA)에서 딴 겁니다. 싱글에 참가하는 멤버도 팬들이 결정합니다. 바로 총선거입니다. 자매 그룹과 연구생 등을 포함해 296명이 입후보한 2014년 총선거에서는 도쿄 도지사의 득표수보다 높은 무려 268만 표가 나왔습니다. AKB48 공화국이라고 할 만하지요?

일본 팬들은 완벽한 모습의 스타보다는 아직 완성되지 않은 아이돌이 성장해가는 데 재미를 느낀다고 하네요.

에-케-비-호-티에이토 센바츠 소-센쿄
エーケービーフォーティエイト選抜総選挙
> AKB48 선발 총선거
칸류-아이도르 韓流アイドル > 한류 아이돌
단세-아이도르그루-프 男性アイドルグループ
> 남성 아이돌 그룹

25. 아니메 アニメ

애니메이션

한국에서도 유명한 일본 대표 애니메이션 〈무쇠팔 아톰〉. 일본 제목은 '테츠완 아토무(鉄腕アトム)'입니다. 테츠(鉄)는 '철', 완(腕)은 '팔'이니까 '무쇠팔'이지요. 아톰은 1963년에 일본의 텔레비전에서 최초로 연속 방영된 애니메이션입니다. 물론 그 전에도 짤막한 애니메이션은 있었습니다. 애니메이션 영화로 따지자면 탄생 100주년이 넘었다고 하니 그 역사가 상당하지요.

애니메이션의 일본어 발음은 아니메-숀(アニメーション). 줄여서 아니메라고 합니다. 세계 어딜 가도 아니메라고 하면 일본의 애니메이션을 떠올릴 만큼 독보적인 존재이지요. 코스프레처럼요.

오토나므케아니메 大人向けアニメ > 어른용 애니메이션
테레비아니메 テレビアニメ > 텔레비전 애니메이션
아니메반 アニメ版 > 애니메이션판(버전)

26. 캬라크타― キャラクター

캐릭터

"어떤 캐릭터를 좋아하세요?"

혹시나 일본에서 이런 질문을 쉽게 던져서는 안 됩니다. 일본어를 잘하더라도 대화가 순조롭게 이어질지는 의문입니다. 대화에서 잘 모르는 게임이나 애니메이션 속 캐릭터가 등장할지도 모르니까요.

캐릭터는 '등장인물'이나 '성격'을 의미하는데요. 일본어로는 캬라크타― 또는 줄여서 캬라(キャラ)라고 합니다. 원래의 뜻으로 쓰기도 하지만 게임이나 애니메이션의 가공인물을 가리키는 경우가 많지요. 거기에는 이유가 있습니다.

1950년대 디즈니 애니메이션 영화의 계약서에 애니메이션 주인공을 가리켜 fanciful character라고 명기했는데, 이것을 일본어로 쿠-소-테키 캬라크타―(空想的キャラクター·공상적 캐릭터)로 번역한 것이 시초입니다. 공상적이라는 단어가 갖고 있는 '가공의'라는 뜻까지 캬라크타―에 스며든 것이지요.

죠시 게-무캬라 女子ゲームキャラ
> 여자 게임 캐릭터

이치방 스키나 캬라크타- 一番好きなキャラクター
> 제일 좋아하는 캐릭터

오마에 젠젠 캬라 치가우네! お前全然キャラ違うね!
> 너 캐릭터(외모나 성격) 완전 달라졌는데!

27. 메이도카훼 メイドカフェ

메이드카페

"어서오십시오. 주인님."

일본 대저택의 주인처럼 대접받고 싶다면? 메이드카페의 손님이 되어보세요. 문을 열고 들어가면 종업원들은 이렇게 인사를 건넬 겁니다.

 하지메마시떼, 고슈진사마 初めまして, ご主人様
> 처음 뵙겠습니다, 주인님

앞치마를 두르고, 고양이 귀 모양의 네코미미(ネコミミ) 헤어밴드를 착용했을지도 모릅니다.

'하녀'나 '집사'를 뜻하는 maid는 일본어로 메이도(メイド)라고 합니다. 종업원들이 하녀나 집사 복장을 하고 있다고 해서 메이도카훼라고 하는데요. 가게는 달라도 손님을 주인으로 모시는 콘셉트는 같습니다. '주인님의 귀가를 기다리고 있다'고 광고하지요.

오타쿠의 성지라고 불리는 도쿄 아키하바라에 가면 메이도 카훼가 많습니다. 거리에서 치라시를 나눠 주는 하녀 복장의 종업원들도 쉽게 볼 수 있지요. '카페'의 일본어 표현인 킷사(喫茶)를 써서 메이도킷사(メイド喫茶)라고도 합니다.

네코미미 메이도상 ネコミミメイドさん
> 고양이 귀 메이드 언니
스이요-탄토-메이도 水曜担当メイド > 수요일 담당 메이드
혼지츠노 메이도 本日のメイド > 오늘의 메이드

28. 스마호 スマホ

스마트폰

'스마트폰'을 뜻하는 스마-토혼(スマートフォン)은 줄여서 간단하게 스마호(スマホ)라고 합니다. '애플리케이션'은 아프리케-숀(アプリケーション)인데요. 역시 줄여서 아프리(アプリ)라고 합니다. '스마트폰 게임'은 스마호게-무(スマホゲーム), 또는 스마호아프리게-무(スマホアプリゲーム)입니다.

일본인들도 역시 스마트폰의 부작용을 호소합니다. 특히 스마트폰의 과잉 사용으로 인해 노안 현상이 나타나는 스마호 로-간(スマホ老眼)이 많다고 합니다.

앗프르 아이호온 アップル アイフォーン > 애플 아이폰
사므승 갸라크시- サムスンギャラクシー > 삼성 갤럭시
스마호노 롯크가멘 スマホのロック画面 > 스마트폰 잠금화면
스마호요-노 탓치펜 スマホ用のタッチペン
> 스마트폰용 터치펜

29. 파소콘 パソコン

컴퓨터

'파소콘'은 컴퓨터죠. 그런데 좀 복잡합니다. 개인 컴퓨터를 가리키는 영어 Personal Computer를 파-소나르콤퓨-타(パーソナルコンピュータ)로, 이걸 다시 줄여서 파소콘이라고 합니다. 표현은 정확하게 해야겠는데 너무 길었던 것이지요.

노트북은 노-토 파소콘(ノートパソコン)인데요. 풀어서 쓰면 노-토 파-소나르콤퓨-타(ノートパーソナルコンピュータ)입니다. 이것도 길었는지 더 줄여서 노-파소(ノーパソ)라고도 합니다.

휴대용 컴퓨터인 노트북을 laptop이라고도 하지요? 랩탑은 랏푸톳푸(ラップトップ)인데요. 한국과 마찬가지로 자주 쓰는 표현은 아닙니다. 데스크톱 컴퓨터는 데스크톳푸 파소콘(デスクトップパソコン)이라고 하거나 줄여서 데스크톳푸(デスクトップ)라고 합니다.

코-세-노-파소콘 高性能パソコン > 고성능 컴퓨터
노-토파소콘밧크 ノートパソコンバック > 노트북 가방

30. 넷토카훼 ネットカフェ

일본의 PC방

차나 커피 문화를 좋아해서일까요? 일본은 PC방에도 카페라는 이름이 붙었습니다.

'인터넷'은 인타-넷토(インターネット), 줄여서 넷토(ネット)라고 합니다. 인터넷을 할 수 있는 카페를 '넷토카훼'라고 하는데요. 일본에서 만화가 빠지면 안 되겠죠? 컴퓨터와 인터넷을 할 수 있을뿐만 아니라 만화책도 읽을 수 있는 곳이 많지요. 만화를 보는 카페인 '망가킷사(漫画喫茶)' 혹은 '망가카훼(漫画カフェ)'는 넷토카훼와 같은 곳이라고 보면 됩니다.

게다가 샤워를 할 수 있는 공간과 개인실도 있고, 음료도 무제한으로 마실 수 있습니다. 야간에는 저렴한 요금으로 이용할 수 있고요. 야간 할인요금을 나이토팟크(ナイトパック)라고 합니다. 나이토팟케-지(ナイトパッケージ · night package)를 줄인 말이지요.

 샤와-루-므 シャワールーム > 샤워룸

코시츠 個室 > 개인실
나이토팟크 큐一지칸 센고햐크엔 ナイトパック 9時間 1500円
> 야간 패키지 아홉 시간 1500엔

적은 비용으로 숙박을 할 수 있다 보니 넷토카훼에서 밤을 보내는 사람이 많습니다. 주머니 사정이 넉넉하지 않은 배낭여행자도 있지만, 일정한 주거 없이 장기간 숙박을 해결하는 사람도 많습니다. 이들을 '넷토카훼 난민(ネットカフェ難民)'이라고 합니다. 또 24시간 열려 있는 패스트푸드점에서 음료 한 잔으로 하룻밤을 버티는 사람을 가리켜 '마크 난민(マク難民)'이라고 합니다. 맥도날드인 '마크도나르도(マクドナルド)'의 앞부분을 딴 것이지요.

넷토츄一도크 ネット中毒 > 인터넷 중독

넷토데 시라베떼미마스 ネットで調べてみます
> 인터넷에서 찾아보겠습니다

넷토카훼데 토마리마스 ネットカフェで泊まります
> PC방에서 잘 겁니다

31. 와이화이 ワイファイ

와이파이

일본에서 무료로 와이파이를 이용하기는 쉽지 않습니다. 이용료를 직접 내는 건 아니더라도 어떤 식으로든 그에 합당한 대가를 치러야 하는 경우가 많지요. 시간 제약이 있는 곳도 많고요. 무료 와이파이 신호를 잡으려고 애를 먹다 보면 '역시 공짜는 없는 나라구나'라는 생각이 들기 마련입니다.

와이파이와 전원을 찾아 헤매는 유목민들을 nomad, 일본어로는 노마도(ノマド)라고 합니다. 사무실에 한정되지 않고 카페 등 다양한 곳에서 IT기기를 이용해 일을 하는 사람들을 말하지요. 인터넷과 SNS에는 이런 노마도를 위한 유익한 정보도 자주 올라옵니다.

와이화이 안도 뎅겐칸비 ワイファイ＆電源完備
> 와이파이 & 전원 완비

와이화이노 파스와ー도 ワイファイのパスワード
> 와이파이 비밀번호

32. 호로- フォロー

팔로우

"호로-시떼쿠다사이(フォローしてください)."

포로? 일본어인가? 영어인 것 같은데 발음만으로는 그 뜻을 추측하기가 쉽지 않지요. 좋은 사람들을 만나면 SNS로도 이어지게 되는데요. 이럴 때 쓰는 '팔로우해주세요'라는 표현입니다. 계정의 팔로워를 늘리기 위해서 아이디에 특정 문구를 달거나 태그를 붙이기도 하지요. 쉽게 말해 '맞팔'입니다.

소-고호로- 相互フォロー > 상호 팔로우
핫크파-센토호로- 100%フォロー > 100% 팔로우

코-시키 츠잇타-오 호로-시떼 쿠다사이
公式ツイッターをフォローしてください
> 공식 트위터를 팔로우해주세요

호로와-노 미나상 오하요-고자이마스
フォロワーの皆さんおはようございます
> 팔로워 여러분 좋은 아침입니다

33. 바스 バス

버스

"잠시 뒤 출발하겠습니다. 버스 출발합니다. 오래 기다리셨습니다."

깔끔한 제복에 흰 마스크, 승객들에게 끊임없이 안내를 하는 버스 운전사. 녹음된 안내방송이 따로 나오지만 운전사는 운전사대로 멘트를 계속합니다.

버스가 멈출 때까지 일어나지 말라는 말도 빠지지 않지요. 서두를 필요가 없는 게 아니라 서두르지 말 것을 당부합니다. 깨알같은 멘트가 무척 많아서 도대체 무슨 말을 하는 건지 알아듣기 어려운 경우도 있습니다. 웬만해서는 급브레이크를 밟지 않는 것으로도 유명하지요. 택시 서비스가 좋기로 정평이나 있지만 버스도 만만치 않습니다.

일본 내에서 여행을 하려면 신칸센도 좋지만 야코-바스(夜行バス)가 경제적입니다. 한자 그대로 읽으면 '야행버스'. 밤새 달리는 버스지요. 도쿄에서 후쿠오카까지 15시간 정도가 걸리는 것처럼 10시간 안팎으로 달려야 하는 곳들이 꽤 있습니

다. 운전사는 교대를 하고, 수면실이 있는 버스도 있습니다. 승객들이 잠을 잘 수 있는 환경을 만들어주지만 잠을 잘 못 이루는 예민한 사람들에게는 힘든 시간이 될 수도 있지요. 일본여행은 주로 기차를 많이 이용하는 분들이 많을 텐데요. 다음번엔 버스로도 여행해보는 건 어떨까요.

오-후크 바스다이 往復バス代 > 왕복 버스 요금
에끼마에노 바스테- 駅前のバス停 > 역 앞 버스정류장

바스노리바와 도코데스까? バスのりばはどこですか?
> 버스 타는 곳은 어디입니까?

34. 타와- タワー

타워

아나타와 토-쿄-타와-하? 스카이츠리-하?
あなたは東京タワー派? スカイツリー派?
> 당신은 도쿄타워파? 스카이트리파?

　지난 2012년 문을 연 도쿄 스카이트리. 높이 634미터로 기네스북에 세계 최고 높이의 타워로 이름을 올렸습니다. 파리의 에펠탑 두 개를 합친 것보다 더 높지요. 지진이 발생해도 괜찮냐고요? 규모 9의 강진에도 견딜 수 있도록 설계됐습니다. 타워를 건설하는 도중에 3.11 동일본대지진이 발생해 지진 복구와 일본경제 부활의 상징이 되기도 했지요. 몽환적인 일루미네이션, 도쿄의 하늘에 미래지향적 분위기를 뿜어내는 스카이트리의 인기는 식을 줄을 모릅니다.

　그보다도 50여 년 더 먼저 세워진 도쿄타워도 결코 지지 않습니다. 높이는 333미터로 스카이트리의 절반 정도밖에 안되지만요. 당시에는 일본 고도 경제성장기의 상징으로 에펠탑보다 9m가 높게 세워졌습니다. 일본의 한 부동산회사가 '스카이트리와 도쿄타워가 보이는 집이라면 얼마를 더 낼 의향이 있는지'를 조사한 결과, 스카이트리는 월 평균 7176엔, 도쿄타워는 9233엔이었다고 합니다. 또 스카이트리보다는 도쿄타워가 보이는 집이 더 비싸다고 생각하는 사람이 많았지요. 많은 사람들이 여전히 추억이 깃든 붉은 도쿄타워에 한 표를 던지고 있습니다.

도쿄타워의 이름에도 사연이 있습니다. 명칭 공모에서는 쇼와토-(昭和塔 · 쇼와탑)가 1800여 건으로 1위였고, 다음은 니혼토-(日本塔 · 일본탑), 헤-와토-(平和塔 · 평화탑), 우츄-토-(宇宙塔 · 우주탑) 등의 순이었습니다. 현재의 명칭인 토-쿄-타와-(東京タワー)는 겨우 223건으로 13위, 전체의 0.26%에 불과했는데요. 심사위원회는 딱 들어맞는 이름이라며 토-쿄-타와-로 결정했다고 합니다.

토-쿄-노 심보르 東京のシンボル > 도쿄의 상징
타와-노 이루미네-숀 タワーのイルミネーション
> 타워의 일루미네이션
스카이츠리-텐보-다이 スカイツリー展望台
> 스카이트리 전망대

35. 호테르 ホテル

호텔

캡슐호텔은 호텔이 아니다? 냉장고를 눕힌 것 같은 사각형 상자, 사람 한 명이 겨우 들어갈 만한 공간, 콘센트, 알람시계…. 가난한 배낭여행자의 안식처 캡슐호텔. 이름은 호텔이지만 사실 호텔이 아닙니다. 숙박하는 공간을 많은 사람이 공유하는 간이 숙박시설로 분류되지요.

세계 최초의 캡슐호텔은 1979년 오사카에서 만들어졌습니다. 그보다 앞선 1972년, 도쿄 긴자에는 캡슐형 집합주택이 들어섰습니다. 일본 명칭은 나카긴카프세르타와-비르(中銀カプセルタワービル)입니다. 우리말로 풀어보자면 '긴자 안쪽에 있는 캡슐타워 빌딩'이지요. 건축가 쿠로카와 노리아키의 대표작으로 미술관에서 그 모델 캡슐을 전시하는 등 예술적 가치도 인정받고 있습니다.

지금은 캡슐호텔을 쉽게 볼 수 있는데요. 저렴할 뿐만 아니라 전철이 끊겨 아침까지 시간을 보내려는 사람들, 다른 호텔을 예약하지 못한 사람들, 독특한 캡슐호텔을 체험하려는 외

국인 등 다양한 사람들이 이용합니다. 물론 여성만을 위한 곳
도 있습니다.

카프세르호테르 カプセルホテル > 캡슐호텔
카프호 カプホ > '카프세르호테르'의 줄임말
비지네스호테르 ビジネスホテル > 비즈니스호텔
비지호 ビジホ > '비즈네스호테르'의 줄임말
후르이 비지호 古いビジホ > 낡은 비즈니스호텔
죠세-센요-카프세르호테르 女性専用カプセルホテル
> 여성 전용 캡슐호텔

36. 쿠-라- クーラー

에어컨

에어컨은 air conditioner의 줄임말로 정확히는 '공기조화기'입니다. 한국에서는 거의 냉방기의 뜻으로 사용하고 있지요. 일본에서는 에아콘디쇼나-(エアコンディショナー)를 줄여서 에아콘(エアコン)이라고 합니다. 냉방뿐 아니라 난방을 할 때도 에아콘이라고 하지요. 일본인들은 한국에서 에아콘이라고 하면 냉방기를 가리킨다며 주의를 당부합니다.

일본에서 '냉방기'는 쿠-라-(クーラー)를 많이 씁니다. cooler의 일본어 발음이지요. '난방기'는 히-타-(ヒーター)입니다.

에아콘노 온도 エアコンの温度 > 에어컨 온도
에아콘 크리-닝그 エアコンクリーニング > 에어컨 청소

쿠-라-오 케시떼 쿠다사이 クーラーを消してください
> 에어컨을 꺼주세요

37. 쟈즈 ジャズ

재즈

일본에는 독특한 카페 문화가 있습니다. 쟈즈킷사(ジャズ喫茶) 인데요. 킷사(喫茶)는 카페나 찻집을 일컫는 일본어죠. 그러니까 재즈를 듣는 카페나 찻집을 말합니다. 재즈는 일찍이 일본 사회에 흘러들어 와서 1960년대에 가장 번성했습니다.

재즈 레코드 가격이 워낙 비싸서 개인이 구입하기는 어려웠던 시절, 재즈 애호가들은 커피 한 잔으로 오랜 시간 재즈를 들을 수 있는 쟈즈킷사를 드나들었습니다. 진지하게 재즈를 듣기 위해서만 존재했던 곳이지요. 일본만의 독특한 카페 스타일입니다. '대화 엄금'을 룰로 정해놓은 곳들이 지금도 존재하는데요. 신문을 넘기는 소리조차도 방해가 된다며 목소리를 높이는 일이 빈번했다고 합니다.

쟈즈반도 ジャズバンド > 재즈 밴드
쟈즈훼스티바르 ジャズフェスティバル > 재즈 패스티벌
카이와킨시노 쟈즈킷사 会話禁止のジャズ喫茶
> 대화금지 재즈 카페

38. 비르 ビル

건물, 빌딩

빌딩을 일본어로 말하면 비르딩그(ビルディング)입니다. 앞 두 글자만 따서 '비르'라고 하지요. '맥주'를 뜻하는 비-르(ビール)와 헷갈리기 쉽죠?

길을 모를 때 사람을 붙잡고 물어보면 누구는 비르라고 하고, 누구는 타테모노(建物)라고 합니다. 헷갈리지요. 타테모노는 한자 그대로 '건물'입니다. 1층짜리 건물을 빌딩이라고 하지 않는 것처럼 비르라고도 하지 않습니다.

일본에서 가장 높은 빌딩은 제2의 도시 오사카에 있는 아베노하루카스(あべのハルカス)입니다. 높이 300미터에 60층 건물로 백화점과 사무실, 호텔 등으로 이뤄졌습니다. 300미터 이상의 초고층 빌딩을 쵸-코-소-비르(超高層ビル), 스-파-토-르(スーパートール)라고 합니다. 영어로는 supertall이지요. 2014년 일본 최초의 초고층 빌딩으로 등극한 곳이 바로 아베노하루카스입니다. 그 전까지 일본에서 가장 높은 빌딩은 높이 296미터의 요코하마 란도마-크타와-(横浜ランドマークタワー)

였습니다. 말 그대로 랜드마크 타워입니다. '일본에서 가장 높은 빌딩'이라는 칭호가 요코하마에서 오사카로 넘어간 겁니다.

높이 1000미터가 넘는 '초초고층빌딩'은 쵸-쵸-코-소-비르(超々高層ビル), 영어로는 hyperbuilding인데요. 하이파-비르(ハイパービル)라고 합니다.

니혼이치 타카이 비르 日本一高いビル
> 일본에서 가장 높은 빌딩
비르노 텐보-다이 ビルの展望台 > 빌딩 전망대

39. 리-즈나브르 リーズナブル

합리적인

토테모 리-즈나브르데스 とてもリーズナブルです
> 매우 합리적이네요

"토테모 리-즈나브르데스!"

치라시를 나눠 주는 이자카야 종업원들이 자주 하는 말입니다. 리-즈나브르, 즉 reasonable은 '타당하다', '합리적이다'는 뜻이지요.

일본에서는 상품의 가격이 비싸지 않다는 걸 어필하는 경우에 리-즈나브르를 많이 씁니다. '가격이 저렴하다'는 의미가 아니라 '품질은 좋은데 가격이 생각하는 것만큼 비싸지는 않다', '납득할 만한 가격'이라는 뉘앙스입니다. 쉽게 말해서 가성비가 좋다는 거지요.

리-즈나브르와 함께 자주 쓰는 표현이 호-다이(放題)입니다. 타베호-다이(食べ放題)는 '먹다'라는 뜻의 타베르(食べる)에 '~을 마음껏 하다'는 뜻의 호-다이를 더한 말로 '마음껏 먹

다', 우리말로는 '무한 리필' 또는 '무제한'으로 바꿀 수 있겠지요. 음료를 마음껏 마시는 노미호-다이(飲み放題) 이자카야도 쉽게 볼 수 있습니다. 단, 시간제라는 걸 유념하세요!

 리-즈나브르 카카크 リーズナブル価格 > 합리적인 가격
니지칸, 산젠엔데 리-즈나브르나 타베호-다이
二時間、三千円でリーズナブルな食べ放題
> 두 시간, 3000엔으로 합리적인 음식 무제한

40. 타바코 タバコ

담배

'타바코'의 어원은 포르투갈어 tabaco입니다. 프랑스에서는 tabac, 독일에서는 tabak, 미국에서는 tobacco가 됐지요. 일본에서는 포르투갈어 발음에 가까운 타바코를 씁니다.

일본은 담배에 너그러운 편입니다. 식당에서도, 카페에서도 담배를 피우는 곳이 여전히 많지요. 그렇다고 바깥에서도 마음대로 담배를 피우는 건 아닙니다. 실내 흡연은 관대할지 모르지만 금연 구역은 철저하게 지킵니다. 걸어가면서도 웬만해서는 담배를 피울 수 없습니다. 이런 흡연을 일본에서는 아르키타바코(歩きタバコ)라고 하는데요. '걷기'라는 뜻의 아르키(歩き)에 타바코를 합친 거죠. 여기에 킨시(禁止)를 더하면 아르키타바코 킨시(歩きタバコ禁止), '걷기 흡연 금지'입니다. 거리에서 쉽게 볼 수 있는 경고문입니다.

타바코노 케무리 タバコの煙 > 담배 연기
덴시타바코 센몬텐 電子タバコ専門店 > 전자담배 전문점

41. 오-에르 オーエル

여성 회사원

일본드라마를 보다 보면 오-에르라는 표현이 가끔 나오지요? office lady의 일본어 발음이 오휘스레디-(オフィスレディー)인데요. 줄여서 오-에르(オーエル)라고 합니다. '사무직 여성'을 가리키는 표현인데요. 과거에는 보조업무 같은 비교적 단순한 업무를 하는 여성들을 나타냈는데 요즘은 사무실에서 일하는 여성을 전반적으로 가리키는 경우가 많습니다.

오-에르라는 표현은 1964년에 생겼습니다. 그 전에 쓰이던 비지네스 가-르(ビジネスガール)의 줄임말인 BG가 술집 종업원인 bar girl의 약자라는 말이 퍼지면서 NHK 방송국도 BG 사용을 금지했다고 합니다.

이때 〈죠세-지신(女性自身 · 여성자신)〉이라는 주간지가 이를 대체할 표현을 공모했는데요. 1위는 오휘스가-르(オフィスガール · office girl)였습니다. 오휘스레디-(オフィスレディー)는 고작 7위에 그쳤지요. 그런데 왜 오휘스레디-를 줄인 오-에르를 쓰게 됐을까요? 잡지의 편집장이 오휘스 가-르가 '직장의

여자아이'를 부르는 것 같아 개인적으로 마음에 들지 않는다
는 이유로 순위를 날조했다고 고백했습니다.

도크신 오-에르 独身オーエル > 독신 OL
산쥬-다이 오-에르 홧숀 30代オーエルファッション
> 30대 OL 패션

42. 바브르 バブル

거품

"도쿄를 팔면 미국 본토를 살 수 있다."

과거엔 그냥 하는 말이 아니었습니다. 일본의 주식과 부동산 가격이 폭등한 1980년대 후반 버블경제기에는 도쿄 황거의 부동산 가치가 미국 캘리포니아주 혹은 캐나다와 맞먹었습니다. 일본 전체로는 미국의 네 배에 달했지요. 거품이 잔뜩 끼어 있던 당시의 경제 상태를 '버블경제'라고 합니다.

 바브르 케-자이 バブル経済 > 버블경제

오크숀(億ション)도 유행이었지요. 경매를 뜻하는 영어 auction 이냐고요? 오크(億)는 억입니다. 숀(ション)은 한국의 아파트 개념인 '맨션', 즉 만숀(マンション)의 숀이고요. '억 단위의 맨션'을 뜻하는 표현이지요. 도쿄 인근 치바 시에는 10억 엔 안팎에 분양하는 호화주택들이 들어섰는데 베벌리힐스의 이름을 따서 치바리-히르즈(チバリーヒルズ)라고 불렀습니다.

세계 유수의 경매, 오크숀(オクション)에서도 엔화는 존재감을 드러냈습니다. 야스다해상화재보험은 고흐의 〈해바라기〉 일곱 점 가운데 한 점을 약 4000만 달러에 구입했습니다. 그때까지 거래된 미술품 거래 가격 중 최고액의 세 배가 넘었지요.

미술품뿐만이 아니었습니다. 미쓰이 물산은 맨해튼의 엑슨빌딩을 6억 1000만 달러에 매입했는데요. 엑슨 측이 제시한 것보다 2억 6000만 달러를 더 얹어 줬습니다. 그 이유가 놀랍지요. 기네스북에 오르고 싶어서였습니다. 또한 미쓰비시부동산은 뉴욕 록펠러센터를, 소니는 할리우드의 컬럼비아픽처스를 인수했습니다. 세계는 Japan money를 쟈판마네-(ジャパンマネー)라고 부르며 그 위력에 놀랄 수밖에 없었습니다. 1980년대 말 버블경제는 절정으로 치달았다가 1990년대 들어 꺼지기 시작했지요. 그 시기에 청춘을 보냈던 이들, 1990년 전후로 취업해 경제활동을 한 이들을 '버블세대'라고 합니다.

바브르 호-카이 バブル崩壊 > 버블붕괴
바브르 세다이 バブル世代 > 버블세대
바브르 지다이 バブル時代 > 버블시대
바브르 케-자이노 피-크 バブル経済のピーク
> 버블경제의 정점

43. 바브리- バブリー

거품이 낀, 버블경제기 같은

두꺼운 눈썹에 새빨간 립스틱, 큼직한 어깨 패드, 1980년대로 돌아간 듯한 패션. 복고풍 디스코 음악과 한 치의 오차 없는 칼 군무. 오사카의 여고생 40명이 돌풍을 일으켰습니다. 일본 고교 댄스부 선수권 대회에서 2년 연속 우승을 차지한 데 이어 2017년에는 버블기를 재현한 듯한 바브리- 단스(バブリーダンス)로 준우승을 차지했지요. 노래는 버블기의 상징적인 디스코 단싱그 히-로-(ダンシングヒーロー · dancing hero)였습니다.

이들이 보여준 건 80년대 버블세대의 모습입니다. 당시의 화장 스타일을 바브르 메이크(バブルメイク)라고 합니다. 짙은 눈썹, 새빨간 립스틱 등이 상징이지요. 잔파마를 해서 야성적인 느낌을 줬던 헤어스타일은 소바-쥬헤아(ソバージュヘア)라고 합니다. 프랑스어로 '야생의'라는 뜻입니다.

당시 유행했던 몸매가 드러나는 의상은 보디콘(ボディコン). 영어 body conscious를 줄인 말인데요. 어깨에 큰 패드가 들어간 카타팟토(肩パット)도 빼놓을 수 없습니다.

바브리-라는 표현은 버블기의 이런 특징들을 담고 있습니다. '거품이 많다'는 뜻의 영어 bubbly와는 좀 다르지요.

바브리-나 칸지 バブリーな感じ > 버블기의 느낌

바브리- 쟈켓토 バブリー ジャケット
> 버블기 느낌이 나는 복고풍 재킷

바브리-나 핑크 バブリーなピンク
> 버블기 느낌의 핑크

카타카나는 일본 길거리에서 익히자!

시작이 반이라고 하지요? 언어를 익히는 것이야말로 그렇습니다. 그만큼 시작하는 게 쉽지 않기 때문입니다. 일본어가 상대적으로 공부하기 쉬운 언어라고요? 물론 그 말에는 동의합니다. 그런데 시작하는 단계에서 번거롭기는 마찬가지입니다. 아니, 오히려 더 귀찮다고 해야 할지도 모르겠네요. 알파벳보다 훨씬 더 생소한 문자들을 외워야 하니까요. 히라가나에 카타카나, 게다가 한자까지 익혀야 하다니…. 첫걸음을 떼기 위한 심리적인 압박이 만만치 않지요.

일단 한자는 제쳐둘까요? 시작은 가볍게! 여행을 가서 필요한 말만 하고 듣겠다는 생각으로 접근하는 게 좋으니까요. 읽는 건 그다음 단계로 남겨두지요. 하지만 건너뛸 수 없는 히라가나는 제대로 익혀주세요. 대신 카타카나는 좀 여유를 둬도 됩니다. 100번을 읽고 써봐야 한다면 30번 정도만 하도록 하지요. 카타카나를 효율적으로 공부할 수 있는 아주 좋은 곳이 있거든요. 바로 일본의 길거리입니다.

일본어에는 일본식 영어가 정말 많지요? 멀쩡한 일본어를 놔두고 굳이 영어 단어를 사용하기도 합니다. 영어 사용에 거부감이 없기 때문이지요. 그건 곧 카타카나를 많이 사용하고, 많이 접할 수 있다는 뜻이기도 합니다. 번화가의 화려한 간판들. 더듬더듬 카타카나를 읽어보는 재미가 쏠쏠합니다. 흰색 바탕에 까만 글씨만 가득한 책으로 연습하는 것보다 재미있는 건 당연하겠죠?

일본에 가면 눈에 익은 간판 디자인만으로도 어떤 곳인지 알 수 있는 곳들도 많은데요. 이럴 때 간판에 새겨진 카타카나를 스스로 읽을 수 있다면 여행의 재미는 배가 되겠지요? 이미 정답을 알고 있는 만큼 즉석에서 퀴즈를 푸는 기분으로 다녀보세요!

유니크로 ユニクロ > 유니크로

마크도나르도 マクドナルド > 맥도날드

다이소ー ダイソー > 다이소

사ー티완아이스크리ー므 サーティワンアイスクリーム

> 베스킨라빈스 31 아이스크림(간판에 '31 Icecream'을 카타카나로 표기해놓은 곳이 많음)

카타카나로 쓰인 간판들을 쭉 읽다 보면 '이곳이 그곳이구나!' 하면서 일본에 온 걸 실감하게 되는 곳들도 있습니다.

돈키호ー테 ドンキホーテ > 돈키호테

빗끄카메라 ビッグカメラ > 빅카메라

모스바ー가ー モスバーガー > 모스버거

아사히비ー르 アサヒビール > 아사히 맥주

뻔한 관광지만 둘러볼 게 아니라 잠깐이라도 현지인처럼 지내보고 싶다면 히라가나보다 카타카나가 더 필요할지도 모릅니다.

코믹크 & 넷토카훼 コミック & ネットカフェ > 만화 & 인터넷 카페

카라오케 カラオケ > 노래방

파칭코 パチンコ > 파친코

휘규아 フィギュア > 피규어

도라이브스루ー ドライブスルー > 드라이브스루

코인란도리ー コインランドリー > 빨래방

헤아ー사롱 ヘアーサロン > 미용실

스ー파ー スーパー > 슈퍼마켓

도랏끄스토아ー ドラッグストアー > 약국

당장 일본에 가는 건 어렵다고요? 그렇다면 인터넷이나 SNS를 적극 활용해보는 건 어떨까요? 신주쿠나 아키하바라, 시부야, 롯폰기 같은 곳에서 찍은 번화가의 사진들이 넘쳐납니다. 카타카나를 사용한 간판들이 즐비하지요. 여행정보도 얻을 겸 다른 사람들이 올려놓은 사진으로 카타카나를 먼저 눈에 익혀두는 겁니다. 처음엔 좀 혼란스럽겠지만 어느새 기대와 설렘으로 바뀌어 있지 않을까요?

4.
당황하지 말고
자연스럽게 말해보기

-상황별 간단 회화

음식점에 갔을 때, 길을 모를 때, 전철 안내방송이 흘러 나올 때… 몇 가지 표현만 외워 원하는 곳에 가고 원하는 것을 먹어보세요. 간단한 표현 몇 가지로 능숙하게 말할 수 있는 팁 대공개!

1. 음식점에서

간단한 단어로 당당하게 주문해보기

° **히토리데스!**

"이랏샤이마세(いらっしゃいませ)!"

일식당에서 듣는 익숙한 인사죠? 음식점에 들어가면 적당히 빈자리에 앉아도 되지만 종업원의 안내를 따르는 게 좋습니다. 좁은 가게일수록 좌석 배치에 나름대로 룰이 있을지도 모르니까요. 일행이 몇 명인지 물어볼 때는 보통 몇 명을 뜻하는 난메-(何名)를 씁니다.

가게를 찾아 온 손님에게 그냥 '몇 명입니까?'라고만 하면 무례하게 들릴 수도 있겠죠? 그래서 뒤에 존칭 사마(さま)를 붙여 난메-사마(何名さま)라고 합니다. 손님도 오캬크사마(お客さま)라고 하지요. 손님의 이름을 정중하게 부를 때에도 이름 뒤에 사마를 붙입니다. 한류의 시초 격인 욘사마(ヨンさま)가 그런 경우이지요.

 난메-사마데스까? 何名さまですか? > 몇 분이세요?

270

대답하는 방법은 여러 가지가 있는데요. 한 명은 히토리(一人), 두 명은 후타리(二人)입니다. 그 뒤로는 산닌(三人), 요닌(四人), 고닌(五人)… 입니다. 한 명, 두 명과는 발음이 좀 다르지요?

후타리의 타리(たり)는 사람을 뜻하는, 한자어가 아닌 '본래의 일본어'입니다. 와고(和語)라고 하지요. 옛날에는 사람을 셀 때 모두 타리를 썼다고 합니다. 물건을 셀 때는 여전히 와고를 써서 히토츠(一つ·한 개), 후타츠(二つ·두 개), 미츠(三つ·세개), 요츠(四つ·네 개), 이츠츠(五つ·다섯 개)…라고 합니다.

히토리데스! 一人です! > 한 명이오!

난메-를 써서 물어본 것처럼 대답할 때도 메-(名)를 쓰면 됩니다.

산메-데스 3名です > 3명입니다

그다음엔 자리를 정해야지요?

카운타-세키(カウンター席)와 오자시키(お座敷)가 있는데요. 카운타-세키는 요리사들이 요리를 하고 있는 주방 바로 앞에 길게 놓인 테이블 자리를 말합니다. 오자시키는 우리말로 하

면 '좌식'으로 다다미방에 편하게 앉아서 먹는 자리입니다.

카운타-세키데 요로시-데스까?
カウンター席でよろしいですか?
> 카운터 자리 괜찮으세요?

일본은 어딜 가나 혼자 먹는 히토리세키(一人席)가 많습니다. 혼자서 음식점에 들어갈 때도 눈치 볼 것 없이 히토리데스(一人です)! 라고 말하면 되지요. 식당은 물론 공원 벤치, 대학 캠퍼스나 학생식당… 어딜 가도 '혼밥'의 천국입니다. 함께 밥을 먹자고 두 번 권하는 건 실례라는 말도 있으니까요.

한때 학내 화장실에서 밥을 먹는 대학생들이 있다고 알려지면서 일본사회를 걱정에 빠뜨리기도 했습니다. 벤죠메시(便所飯), 말 그대로 '변소밥'입니다. 혼자서 밥을 먹는 모습이 남의 눈에 띄는 걸 두려워하는 '런치메이트 증후군' 때문이라는 진단이 내려졌는데요. 식당에 이들을 위한 칸막이 자리까지 만든 대학이 있었다고 합니다. '외톨이'라는 뜻의 히토리봇치(一人ぼっち)를 줄여 봇치세키(ぼっち席)라고 합니다.

이유야 어쨌든, 일본은 혼밥의 나라입니다. 일본은 한국에서도 히토리메시(一人めし·혼자 먹는 밥), 히토리노미(一人のみ·혼자 먹는 술), 벤토- 문화가 확산되고 있다며 흥미롭게 바라보고 있습니다. 그렇다고 이런 '히토리 문화' 때문에 일본인

친구를 사귀는 게 어렵다는 뜻은 아닙니다.

°노미모노와?

자리가 정해지면 종업원이 주문을 받으러 올 텐데요. 우선 뭘
마실 건지 묻는 곳이 많습니다.

나니까 노미마스까? 何か飲みますか？
> 마실 걸 드릴까요?

그대로 옮기면 '뭔가 마시겠습니까?'인데요. 위처럼 해석하
는 게 자연스럽죠? '마실 것'이라는 뜻의 노미모노(飲み物)를
써서 묻기도 합니다.

노미모노와 도-시마스까? 飲み物はどうしますか？
> 마실 건 어떻게 하겠습니까?

노미모노와 도-데스까? 飲み物はどうですか？
> 음료는 어떻습니까?

손님에게 하는 말이니 정중해야지요?

노미모노 앞에 오(お)를 붙이기도 하고, 도-데스까(どうです
か) 대신 이카가데스까(いかがですか)를 쓰면 조금 더 정중한

표현입니다. 영어 표현인 도링크(ドリンク)를 써도 됩니다.

이럴 때 꼭 마실 걸 주문해야 하는 걸까요. 종업원이 물어본다고 해서 꼭 그럴 필요는 없겠죠? 당황하지 말고 물이나 차로 괜찮다고 말하면 됩니다.

오챠데 이-데스 お茶でいいです > 차로 괜찮습니다

오미즈 오네가이시마스 お水お願いします > 물 부탁합니다

° 나마비-르 잇파이 쿠다사이

피곤한 퇴근길. 허름한 이자카야에 들러 마시는 시원한 생맥주 한 잔!

일본에 가면 왠지 하루를 이렇게 마무리해야 할 것 같지요? 생맥주는 나마비-르(生ビール)입니다. 비-르가 '맥주'라는 건 이제 다들 아시죠? 나마(生)는 '가공하지 않은', '자연 그대로'라는 뜻입니다.

나마크리-므 生クリーム > 생크림
나마호-소- 生放送 > 생방송

그럼 시원한 생맥주를 한 잔 주문해볼까요?

나마비-르 잇파이 쿠다사이 生ビール一杯ください
> 생맥주 한 잔 주세요

잔 수를 셀 때는 한 잔이든 두 잔이든 같은 한자를 쓰는데요. 발음은 달라집니다. 두 잔부터는 니하이(二杯), 산바이(三杯), 욘하이(四杯)…가 되지요. 병맥주는 빙비-르(瓶ビール)라고 하는데요. 병을 셀 때도 잇퐁(一本), 니홍(二本), 산봉(三本) 등으로 발음이 달라집니다. 이번에는 생맥주와 병맥주를 함께 부탁해볼까요?

 나마비-르 니하이또 빙비-르 잇퐁 쿠다사이
生ビール二杯と瓶ビール一本ください
> 생맥주 두 잔과 병맥주 한 병 주세요

1장 '잇파이'에서도 언급했듯이 잇파이에는 '가득'이라는 뜻도 있고, '한 잔'이라는 뜻도 있습니다.

 나마비-르 잇파이, 잇파이 쿠다사이
生ビールいっぱい, 一杯ください
> 생맥주 가득, 한 잔 주세요

그런데 나마비-르보다 더 잘 나가는 비-르가 있습니다. 직장인들이 퇴근 후 이자카야에 우르르 몰려가 외치는 한마디!

토리아에즈(とりあえず)는 '우선'이라는 뜻입니다. 자리에 앉자마자 먼저 술 한 잔 주문하고 보는 거죠. 줄여서 토리비-(とりビー)라고도 합니다. 그런데 이게 워낙 자주 쓰이다 보니 토리아에즈 비-르가 '일본인이 가장 사랑하는 맥주'라거나 '일본인이라면 누구나 한번쯤 주문해본 적이 있는 맥주 브랜드'라는 농담까지 생겼습니다. 한 맥주 회사가 1일 한정판 토리아에즈 비-르를 만들어 판매한 일도 있었지요. 토리아에즈 비-르가 나오면 건배를 해야겠죠? 칸파이(乾杯)!

° 오스스메와?

자, 이제 먹고 싶은 음식을 골라볼까요?

벽면을 가득 채운 메뉴. 꼬불꼬불한 글자들. 이게 히라가나인지, 카타카나인지. 생소한 한자도 많고…. 뭐가 많긴 많은데 도대체 무슨 음식인지 알 수가 없네요. 맛집의 기운이 물씬 풍기는데 현란한 메뉴를 보면 도저히 들어갈 엄두가 안 나서 주저한 적 없으세요? 일본 특유의 매력이 느껴지는 가게일수록 더욱 그렇지요. 사실 일본어를 웬만큼 알아도 읽고 해석하기가 쉽지 않은 게 바로 음식점 메뉴입니다. 그래도 망설일 필요는 없습니다. 몇 가지 표현만 알아두면 맛있는 일본음식 주문도 OK! 일단 추천 메뉴부터 물어볼까요?

 오스스메와 난데스까? おすすめは何ですか？
> 추천 메뉴는 무엇입니까?

'추천'이라는 뜻을 가진 아래의 단어들은 모두 '오스스메'로 읽습니다.

お勧め, お薦め, お奨め

의미는 비슷한데 뉘앙스는 좀 다른 단어들이지요. 상대방에게 행동을 촉구할 때는 お勧め나 お奨め를 사용합니다. お勧め는 '권유', お奨め는 '장려'라고 생각하면 쉽지요. お薦め는 사람이나 물건 등을 '추천'할 때 사용합니다. 헷갈린다면 포괄적인 의미의 お勧め를 사용하면 틀릴 일은 없는데요. 요즘은 히라가나나 카타카나를 그대로 사용해 그냥 おすすめ로 표기하는 곳도 많습니다. 추천 메뉴는 오스스메메뉴-(おすすめメニュー). 메뉴-(メニュー)는 생략해도 됩니다.

 코노 미세노 오스스메 この店のおすすめ
> 이 가게의 추천
셰후노 오스스메 シェフのおすすめ > 셰프의 추천
이치방 오스스메 一番おすすめ > 가장 추천

추천 메뉴는 가게 사정에 따라서 그때그때 달라지기도 합
니다. 그래서 가게에 따라서는 '오늘의 추천 메뉴'를 써놓기도
하지요. 어딘가에 쿄-노 오스스메(今日のおすすめ)를 써놓지는
않았는지 잘 찾아보세요!

그런데 추천 메뉴가 꼭 인기 메뉴라는 보장은 없죠? 인기
메뉴가 뭔지도 한번 물어볼까요?

이치방 닝끼노 메뉴―와 난데스까?
一番人気のメニューは何ですか?
> 가장 인기 있는 메뉴는 뭔가요?

° 아레와 난데스까?

모처럼 찾아온 맛집. 맛집 정보를 뒤지고 뒤져서 사람들이 인
터넷에 올려놓은 맛깔스러운 음식 사진은 봤는데… 정말 이
걸로 괜찮은 걸까? 더 맛있는 뭔가가 있지 않을까?

다른 메뉴는 뭐가 있는지, 현지인들은 뭘 먹는지도 살펴볼
까요? '저거 맛있겠다!' 싶으면 주저하지 말고 물어보세요!

아레와 돈나 메뉴―(료―리)데스까?
あれはどんなメニュー(料理)ですか?
> 저건 어떤 메뉴(요리)입니까?

아레와 난데스까? あれはなんですか? > 저건 뭐죠?

어떤 음식인지 설명은 하는데 도저히 알아들을 수가… 그렇다면 복잡할 것 없이 더 쉽게 물어볼까요?

아노 료-리와 오스스메데스까? あの料理はおすすめですか?
> 저 요리를 추천하시나요?

아노 료-리와 닝끼데스까? あの料理は人気ですか?
> 저 요리는 인기가 있습니까?

다른 테이블의 음식이라면 거리가 조금 떨어져 있을 테니까 '저것'을 뜻하는 아레(あれ), 메뉴를 직접 보면서 손가락으로 가리킬 때는 '이것'을 뜻하는 코레(これ)를 써야겠죠? 아노(あの · 저), 코노(この · 이)도 마찬가지입니다. 결정했으면 그다음은 간단합니다.

아레니 시마스 あれにします > 저걸로 하겠습니다

코레니 시마스 これにします > 이걸로 하겠습니다

코레또 아노 테-브르노 아레오 쿠다사이
これとあのテーブルのあれおください
> 이것과 저 테이블의 저것을 주세요

오카이케- 오네가이시마스

 고치소-사마데스! ごちそうさまです! > 잘 먹었습니다!

음식을 먹기 시작할 때는 이타다키마스(いただきます)! 다 먹고 난 뒤엔 고치소-사마(ごちそうさま)! 혼자 먹을 때도 두 손을 모으고 꼬박꼬박 인사하는 사람들. 단순한 '잘 먹겠습니다, 잘 먹었습니다' 이상의 의미가 있어 보이죠?

음식점에서 음식을 먹고 나올 때도 자연스럽게 '고치소-사마!'라고 인사하면 됩니다. 데스(です)를 꼭 붙일 필요는 없어요. 과거형으로 '고치소-사마데시따(ごちそうさまでした)'라고 해도 되고요. 카운터 좌석만 있는 라-멘 가게 같은 곳에서는 자신이 먹은 그릇을 올려주면서 인사하면 자연스럽겠죠?

자, 이제 계산을 해야죠? 일본어에도 '계산'이라는 뜻의 케-산(計算)이 있습니다. 그런데 음식점에서 계산을 할 때는 케-산을 쓰지 않습니다. 실제로 숫자를 계산할 때 쓰지요.

가게에서 돈을 지불할 때 쓰는 표현은 두 가지가 있는데요. 먼저, 카이케-(会計), 우리말로는 '회계'입니다. 또 하나는 '감정'을 뜻하는 칸죠-(勘定)가 있습니다.

 오카이케- 오네가이시마스 お会計お願いします
> 계산 부탁합니다

오칸죠- 오네가이시마스 お勘定お願いします
> 계산 부탁합니다

일행이 있다면 추가로 질문을 받는 경우가 있습니다. 같이 계산할 건지, 따로 계산할 건지를 묻는 거죠. 질문을 받고 나서 당황하지 말고 먼저 말해볼까요? 같이 낼 거면 '함께'라는 뜻의 잇쇼(一緒)를 쓰면 됩니다. 따로라면 베츠베츠(べつべつ)라고 하면 됩니다.

잇쇼데 오네가이시마스 一緒でお願いします
> 같이 부탁합니다

베츠베츠데 오네가이시마스 べつべつでお願いします
> 따로따로 부탁합니다

2. 전철에서

이것만 알면 제대로 타고 내릴 수 있다

° 덴샤가 마이리마스

지옥철로 유명한 도쿄의 전철. 출퇴근 시간에 전철을 타려면
사람들 틈에 꼭꼭 끼여 부대낄 각오를 해야 합니다. 전철이 들
어올 때가 되면 마음의 준비를 해야겠죠? 정적을 깨는 멜로디
가 울리고 안내방송이 나옵니다.

마모나크 이치방센니 덴샤가 마이리마스
間もなく一番線に電車が参ります
> 잠시 뒤 1번 선으로 전철이 옵니다

여기서 중요한 건 마모나크(間もなく)!

마(間)는 간격, 틈을 뜻합니다. 모(も)는 '~도', 나크(なく)는
'~없이'입니다. 그대로 옮겨보자면 '틈도 없이'가 되지요? '잠
시 후'나 '이윽고'로 해석하면 됩니다. 마모나크가 들리면 '아,
곧 뭔가 오는구나!'라고 생각하세요.

이치방센(一番線)에서 센(線)은 '선'입니다. 니방센(二番線),

산방센(三番線)처럼 플랫폼의 번호를 나타내지요. 또 긴자센(銀座線), 아사쿠사센(浅草線), 토-자이센(東西線)처럼 노선 이름에도 선이 붙습니다. '노선'은 로센(路線)이고요. '직선'은 쵸크센(直線), '곡선'은 쿄크센(曲線)입니다.

'갑니다'는 이키마스(行きます), '옵니다'는 키마스(来ます)라고 하는데요. 승객을 대상으로 하는 말이기 때문에 정중한 표현인 마이리마스(参ります)를 쓰는 것입니다.

° 아시모토니 고츄-이 쿠다사이

전철이 곧 들어오면 특히 발밑 안전에 주의해야 합니다. 열차와 홈 사이 간격이 생각보다 넓은 곳이 많아서 방심은 금물이죠. 아래와 같은 내용의 멘트가 흘러나옵니다.

아시모토니 고츄-이 쿠다사이 足元にご注意ください
> 발밑을 조심하세요

아시(足)는 '발'. 아시모토(足元)는 '발밑', '발 주변'을 뜻합니다. 테(手)는 '손'인데요. '손이 미치는 범위'나 '손 주변'은 테모토(手元)라고 합니다. 테모토 앞에 오(お)를 붙인 오테모토(お手元)는 '젓가락'을 정중하게 표현한 거죠. 그럼 아시모토니 오테모토(足元にお手元)라고 하면? '발아래 젓가락'이죠? 실제로 이런 제목의 노래가 있습니다. 모리세-쥬(もりせいじゅ)라는 개그맨이 컵라면을 앞에 두고 젓가락을 떨어뜨렸다 집었다 하며 부르는 경쾌한 리듬의 노래입니다.

오테모토니 오테모토~ 히자모토니 오테모토~

お手元にお手元- 膝元にお手元-

> 손 근처에 젓가락~ 무릎 근처에 젓가락~

코시모토니 오테모토~ 므나모토니 오테모토~

腰元にお手元- 胸元にお手元-

> 허리 근처에 젓가락~ 가슴 근처에 젓가락~

고츄-이 쿠다사이(ご注意ください)는 '주의해주세요'입니다. '주의'를 츄-이(注意)로 발음하는 거죠. 정중한 표현을 위해 앞에 고(ご)가 붙었습니다. 공사장처럼 추락하거나 넘어질 위험이 있는 곳, 미끄러운 곳에서도 자주 보게 되는 문구입니다.

° 츠기와

전철을 타긴 탔는데 언제 내려야 하지? 둘러봐도 노선도는 보이지 않고, 내릴 준비를 슬슬 해야 할 것 같은데 안내방송은 들릴 듯 말 듯…. 이럴 때 힌트는 츠기와(次は)입니다. 일단 츠

기와만 들으면 길 찾기의 절반은 성공! 츠기와는 '다음은'이라는 뜻입니다. 다음 순서를 가리킬 때 사용하지요.

 츠기와 오마에다! 次はお前だ! > 다음은 너다!

츠기와 대신 앞에서 언급한 '마모나크'가 나오는 경우도 있습니다. 츠기와 바로 뒤에는 다음에 정차할 역의 이름이 따라 나옵니다. 가장 복잡한 신주쿠 역을 가정해볼까요?

 츠기와 신주쿠, 신주쿠, 오데구치와 히다리가와데스
次は新宿、新宿、お出口は左側です
> 다음은 신주쿠, 신주쿠, 내리실 문은 왼쪽입니다

이제 내릴 문이 어느 쪽인지 알아야야겠죠? 왼쪽인지 오른쪽인지 방향만 잘 들으면 되는데요. '왼쪽'은 히다리가와(左側), '오른쪽'은 미기가와(右側)입니다. 오데구치(お出口)는 '출구'인 데구치(出口)를 정중하게 표현한 것입니다. 내리기 힘들다 싶을 땐 이렇게 외치세요.

 스미마셍, 오리마스! すみません、降ります! > 죄송합니다, 내릴게요!

°**노리카에노 고안나이데스**

웬만한 곳이라면 어디든 데려다주는 친절한 전철! 그만큼 환
승은 필수죠. '환승'은 노리카에(乗り換え)라고 하는데요. 노리
(乗り)는 '타는 것', 카에(換え)는 '바꿈'이라는 의미입니다. 다
음 정차역을 알려주는 안내방송 뒤에 환승 정보가 나오는데
요. 환승 안내방송이 나온다는 것을 먼저 일러주기도 하지만
환승 가능한 노선 이름부터 툭 튀어나오는 경우도 있으니 긴
장을 늦추지 마세요!

노리카에노 고안나이데스. 긴자센와 오노리카에 쿠다사이
乗り換えのご案内です。銀座線はお乗り換えください
> 환승 안내입니다. 긴자선은 환승해주십시오

'난 길치에 방향치! 지도만 보면 머리가 어질어질!' '환승도,
노선 생각하는 것도 귀찮은데 도쿄는 둘러보고 싶어….'

그렇다면 JR 야마노테센(山手線) 일주를 해보는 건 어떨까
요? 야마노테센은 도쿄를 빙 도는 순환선인데요. 정차역은 모
두 29곳으로 한 바퀴를 도는 데 한 시간 정도가 걸립니다. 이
중에서 몇 곳만 둘러봐도 보람찬 도쿄 관광이 될 겁니다. 다음
중에서 골라볼까요?

• 안 보고 가면 서운한 도쿄의 관문! 도쿄 역(東京駅)

- 일본 최초의 공원! 동물원에 국립미술관과 박물관, 게다가 전통시장까지. 아는 만큼 보이는 우에노(上野)
- 전 세계 오타쿠의 성지 아키하바라(秋葉原)
- 10대부터 20대까지 일본의 트렌드를 한눈에. 하라주쿠(原宿)-시부야(渋谷)-에비스(恵比寿)
- 도쿄는 몰라도 신주쿠는 들어봤다! 도쿄의 심장 신주쿠(新宿)
- 한류의 모든 것! 일본의 한류 발원지 신오-쿠보(新大久保)

한번쯤 들어본 유명 관광지가 노선에 다 포함돼 있지요? 도쿄를 짧은 시간에 압축해서 보고 싶다면 야마노테센 일주를 추천합니다.

° 타크시-오 욘데 쿠다사이

택시 요금이 워낙 비싸다 보니 일본에서는 전철로만 다니기 일쑤입니다. 그만큼 체력 소모도 빠를 수밖에 없지요. 혹시 일행이 있거나 여러 명이 함께 가까운 곳에 가는 거라면 택시를 타보는 것도 괜찮습니다.

 타크시-오 욘데 쿠다사이 タクシーを呼んでください

> 택시 좀 불러주세요

너무 직접적인 표현이 마음에 걸리면 완곡하게 부탁해보죠.

타크시-오 욘데 모라에마스까?
タクシーを呼んでもらえますか?
> 택시를 불러줄 수 있나요?

일본의 택시 서비스는 정평이 나 있습니다. 차에서 내려 손님을 맞이하고, 짐을 실어주고, 직업의식도 투철합니다. 제복 차림에 백발이 성성한 노년의 운전사들, 어딘지 모르게 앙증맞은 사각형 택시. 둘의 조합이 왠지 일본스럽습니다.

그들의 사명감을 엿볼 수 있는 영화를 살펴볼까요? 제목부터 〈도쿄택시〉입니다.

택시 운전 23년 경력의 야마다. 어느 날 도쿄타워 앞에서 "소우르(ソウル)!!"를 외치는 손님 야마자키를 태웁니다. 서울로 가자는 거죠. 인디밴드의 멤버인 야마자키는 동료들과 함께 서울에 가야 하지만 비행기 공포증 때문에 택시를 택했습니다. 몇 번의 승차 거부 끝에 야마다의 택시를 타게 됐지만 정말로 택시를 타고 서울까지 갈 수 있는 건지 걱정이 앞섭니다. 그렇게 어려운 대화가 아니니 한번 살펴볼까요?

야마자키 : 혼토-니 다이죠-부데스까?

　　　　本当に大丈夫ですか?

> 정말로 괜찮으시겠어요?

야마다 : 나니가데스까?

なにがですか?

> 뭐가 말입니까?

야마자키 : 소우르데스케도…

ソウルですけど…

> 서울인데요…

야마다 : 에… 히코-키요리 타카크나르또 오모이마스가 소레데
요로시-데스까?

え…飛行機より高くなると思いますが それでよろし
いですか?

> 음… 비행기보다 비싸게 나올 것 같은데 그래도 괜찮으시
겠어요?

타크시- 도라이바(タクシードライバ · 택시 드라이버)로서 사
명감 충만한 야마다. 어디라도 가는 게 당연하다는 듯, 집에
들러서 파스포-토(パスポート · 여권)를 챙겨 좌충우돌 서울행
을 시작합니다.

일본 택시의 상징은 다름 아닌 뒷좌석 자동문! 문을 억지로 열거나 닫으려고 했다가는 운전사가 당황하는 모습을 보게 됩니다. 일본에서 이 뒷좌석 문이 개발된 건 1950년대인데요. 1964년 도쿄올림픽 개최를 계기로 대규모로 보급됐습니다. 어쨌든 문이 열리기를 기다렸다가 택시에 타세요! 그리고 목적지를 말하면 됩니다.

 신주쿠에끼(마데) 오네가이시마스 新宿駅(まで)お願いします
> 신주쿠 역(까지) 부탁합니다

료-슈-쇼- 오네가이시마스 領収書お願いします
> 영수증 부탁드립니다

° 리무진와 난지 슛파츠데스까?

숙소를 잡을 때 숙소에서 공항까지, 또 숙소에서 인근의 번화가나 관광지까지 교통편이 있는지 꼭 확인해야죠?

크고 작은 셔틀버스를 운행하는 숙소가 많은데요. 한적한 마을의 료칸에서 운행하는 버스를 보통 소-게-바스(送迎バス ·송영버스)라고 합니다. '보내고 맞이하는 버스'이지요. 도보나 대중교통으로 접근하기 쉽지 않은 곳에서 운영하는 자체 교통수단을 말하는데요. 소-게-라는 말이 어려우면 샤토르바스(シャトルバス)라고 하면 됩니다. '셔틀버스'를 말합니다. 어

디에서 몇 시에 탈 수 있는지 확인해둬야죠?

무료- 샤토르바스 운코- 스케쥬-르
無料シャトルバス運行スケジュール
> 무료 셔틀버스 운행 스케줄
쥰카이 소-게-바스노 운코-죠-호- 巡回送迎バスの運行情報
> 순회 송영버스 운행정보

소-게-바스와 리요-데끼마스까? 送迎バスは利用できますか?
> 송영버스를 이용할 수 있습니까?

호텔에서 운행하는 리무진버스를 이용하면 시간도, 돈도 아낄 수 있어서 훨씬 여유로운 여행이 가능합니다. 숙소에 도착하면 먼저 리무진 시간표부터 챙기세요!

리무진노 지코크효- リムジンの時刻表 > 리무진 시간표

리무진와 난지 슛파츠데스까? リムジンは何時出発ですか?
> 리무진은 몇 시 출발인가요?

3. 길을 몰라요

헤매더라도 몇 마디로 길 찾기 성공

° 맛푸가 호시-데스

스마트폰과 와이파이만 있으면 여행 준비는 끝!

내 손안의 스마트폰 하나면 세계 어떤 곳이든 지도로 확인할 수 있죠? 구글맵이 있어 참 편리한 세상이 됐습니다. 그래도 좀 허전하지 않으세요? 여행의 시작은 지도 펼쳐 보기!

종이 지도는 공항, 역, 호텔… 어디에서나 쉽게 구할 수 있죠? 지도는 영어로 map인데요. 일본어로는 맛푸(マップ)로 읽습니다. 한자어로는 치즈(地図)라고 하면 됩니다. 참고로 발음이 비슷한 먹는 치즈는 치-즈(チーズ)입니다.

지도가 필요하면 '지도 있습니까?'라고 물어봐도 되고, 쿠다사이(ください), 오네가이시마스(お願いします)를 써도 되겠죠.

 맛푸 아리마스까? マップありますか? > 지도 있어요?

맛푸 오네가이시마스 マップお願いします > 지도 부탁합니다

'~하고 싶다', '바라다'는 뜻의 호시-(欲しい)를 쓸 수도 있습니다.

맛푸가 호시-데스 マップが欲しいです
> 지도가 필요해요

카레시가 호시- 彼氏が欲しい > 남자친구가 있으면 좋겠어

어떤 지도가 필요하세요? 도쿄 전체를 볼 수 있는 지도도 있고, 지역별로 볼 수 있는 지도나 테마별 지도도 있지요.

캉코-치즈 観光地図 > 관광 지도
료코-치즈 旅行地図 > 여행 지도
신주쿠쿠노 치즈 新宿区の地図 > 신주쿠 구 지도
긴자 갸라리- 맛푸 銀座ギャラリーマップ > 긴자 갤러리 지도

아직 일본어가 어렵다면 한국어 지도를 부탁해보세요. 기념품으로 일본어 지도를 한 장 챙기는 것도 나쁘진 않겠죠?

캉코크고노 맛푸 아리마셍까? 韓国語のマップありませんか?
> 한국어 지도 없습니까?

에-고노 치즈데모 이-데스 英語の地図でもいいです
> 영어 지도도 괜찮습니다

아르이떼 이케마스까?

관광지가 아닌 평범한 곳, 보통 사람들이 사는 모습을 보려면 아무래도 좀 걸어보는 게 좋을 텐데요. 특히 일본은 뒷골목도 잘 살펴보세요. 소박하고 한적한 곳이 많지요. 구석구석 유심히 보지 않으면 특별한 곳도 그냥 지나치기 쉽습니다. 가게 이름을 아주 작게 표기하거나 간판을 달지 않는 경우도 있고요. 홈페이지가 화려하게 잘 꾸며져 있는 것도 아닙니다.

한번 걸어가볼까요? 그런데 걸어갈 수는 있는 곳인가요?

아르이떼 이케마스까? 歩いて行けますか?
> 걸어서 갈 수 있어요?

어디까지 가세요? 숙소에서 전철역까지? 내친 김에 한 정거장 정도를 더 걸어볼까요? 목적지와 '~까지'를 뜻하는 마데(まで)를 위 예문 앞에 붙이면 됩니다.

신주쿠에끼마데 新宿駅まで > 신주쿠 역까지
토-쿄-타와-마데 東京タワーまで > 도쿄타워까지
긴자마데 銀座まで > 긴자까지

조금 더 살을 붙여보지요. '~부터 ~까지' 즉 '~카라(から) ~마데(まで)'는 함께 외워두는 게 좋겠지요?

신주쿠에끼카라 토−쿄−도−쵸−마데
新宿駅から東京都庁まで
> 신주쿠 역에서 도쿄도청까지

코꼬카라 토−쿄−도−쵸−마데 아르이떼 이케마스까?
ここから東京都庁まで歩いて行けますか?
> 여기서부터 도쿄도청까지 걸어서 갈 수 있어요?

° 도레그라이 카카리마스까?

걷고 싶다고 무작정 걸으면 안 되죠!

　좋은 여행을 하려면 체력 안배가 무엇보다 중요합니다. 걸어 가고 싶을 때, 전철을 탈 때, 음식점에서 순서를 기다릴 때….
'얼마나 걸리는지' 묻는 표현은 유용하게 쓸 수 있습니다.

도레그라이 카카리마스까? どれぐらいかかりますか?
> 얼마나 걸려요?

도레(どれ)는 '어느 것', '어떤 것'이라는 뜻입니다.

아레 타베르? あれ食べる? > 저거 먹을래?

도레? 코레? どれ? これ? > 어떤 거? 이거?

그라이(ぐらい)는 '정도'를 뜻합니다. 도레그라이(どれぐらい)는 '어느 정도'이지요. 그럼 '걸어서 어느 정도'는 뭐라고 할까요? 앞에 나왔던 아르이떼(歩いて)를 그대로 붙이면 됩니다.

아르이떼 도레그라이 카카리마스까?
歩いてどれぐらいかかりますか?
> 걸어서 얼마나 걸려요?

전철로 얼마나 걸리는지도 궁금하죠? 아르이떼 대신 덴샤데(電車で)를 넣으면 됩니다. '전철로'라는 뜻입니다.

바스데 バスで > 버스로
타크시―데 タクシーで > 택시로
신칸센데 新幹線で > 신칸센으로
히코―키데 飛行機で > 비행기로
후네데 船で > 배로
지텐샤데 自転車で > 자전거로

지텐샤데 스―파―마데 도레그라이 카카리마스까?
自転車でスーパーまでどれぐらいかかりますか?
> 자전거로 슈퍼까지 얼마나 걸려요?

덴샤데 쿠―코―마데 도레그라이 카카리마스까?
電車で空港までどれぐらいかかりますか?
> 전철로 공항까지 얼마나 걸려요?

조금 더 구체적으로 '몇 분', '몇 시간'이 걸리는지 물어볼까요? 도레그라이 대신 난푼(何分), 난지칸(何時間)을 쓰면 됩니다. '몇 초'는 난뵤-(何秒), '며칠'은 난니치(何日)라고 합니다.

대답은 시간만 잘 들으면 어렵지 않아요. '3분'은 산푼(3分), '5분'은 고훈(5分)입니다. 10분 단위는 줏푼(10分), 니줏푼(20分), 산줏푼(30分)처럼 뒤에 '~줏푼'을 붙입니다. 시간은 이치지칸(1時間), 니지칸(2時間), 산지칸(3時間)…입니다.

바스데 난푼 카카리마스까? バスで何分かかりますか
> 버스로 몇 분 걸려요?

산줏푼그라이 카카리마스 30分ぐらいかかります
> 30분 정도 걸려요

° 미치니 마욧떼이마스

'길을 물어봐야겠는데… 이 아주머니한테 물어볼까? 아니, 학생이 더 친절할 거야. 그런데 뭐라고 말을 걸지?'

아노, 스미마셍. 미치니 마욧떼이마스
あの、すみません。道に迷っています
> 저기, 실례합니다. 길을 잃었습니다

미치니 마욧떼이마스(道に迷っています)는 '길을 헤매고 있

다'는 뜻입니다. 곧바로 목적지로 가는 길을 물어볼까요?

긴자에 있는 카부키 극장, 카부키자(歌舞伎座)를 찾아가보지요. 일본 최대의 유흥가 신주쿠의 카부키쵸-(歌舞伎町)와 헷갈리지 마세요!

**아노, 스미마셍. 카부키자니 이키타이데스가,
도-잇타라 이-데스까?**

あの、すみません。 歌舞伎座に行きたいですが、
どう行ったらいいですか?

> 저기, 실례합니다. 카부키자에 가고 싶은데요,
어떻게 가면 될까요?

복잡하다고요? 잘 생각이 나지 않는다면,

카부키자니 이키타이데스가 歌舞伎座に行きたいですが

> 카부키자에 가고 싶은데요

맨 끝에 가(が)를 발음할 때는 힘을 빼고 길게 늘려주세요.
이번에는 헷갈리기 쉬운 조사를 빼보도록 하지요.

카부키자… 도-얏떼 이키마스까?

歌舞伎座… どうやって行きますか?

> 카부키자… 어떻게 갑니까?

자, 이제 대답을 들어야죠! 손가락 끝만 쳐다보고 있을 수는 없을 텐데요. 길을 가르쳐줄 때 잘 나오는 표현들을 정리해 보겠습니다.

줏토 이크 ずっと行く. > 계속 가다

맛스구 이크 真っ直ぐ行く > 반듯이 가다

미치오 와타르 道を渡る > 길을 건너다

오-키- 코-사텐 大きい交差点 > 큰 교차로

치-사이 코-사텐 小さい交差点 > 작은 교차로

히다리니 마가르 左に曲がる > 왼쪽으로 돌다

미기니 마가르 右に曲がる > 오른쪽으로 돌다

시로이 타테모노 白い建物 > 하얀 건물

타카이 비르 高いビル > 높은 빌딩

소노 토나리 その隣 > 그 옆

소노 우시로 その後ろ > 그 뒤

소노 한타이가와 その反対側 > 그 반대편

4. 숙소에서

원하는 것을 자연스럽게 요청해보자

° 헤야오 요야크시마시따

꽃놀이도 많고, 축제도, 색다른 관광지도 많은 일본은 숙소 잡기가 쉽지 않습니다. 마음 놓고 갔다가는 넷토카훼 신세를 져야 할지도 몰라요. '예약했습니다!' 당당하게 말해볼까요?

헤야오 요야크시마시따 部屋を予約しました
> 방을 예약했습니다

헤야(部屋)는 '방'이라는 뜻인데요. '숙소'나 '객실'의 의미로 많이 사용합니다. 우리가 '방 잡았어?'라고 하는 것처럼요. 물론 호테르(ホテル·호텔), 루-므(ルーム·룸), 캬크시츠(客室·객실)를 써도 무방합니다. 요야크(予約)는 '예약'입니다. 사전에 전화나 메일로 미리 예약을 해보세요.

요야크 오네가이시마스 予約お願いします
> 예약 부탁합니다

아시타 요야크시타이데스가, 헤야 아리마스까?
明日予約したいですが、部屋ありますか?
> 내일 예약하고 싶은데요, 방 있어요?

아시타 요야크 데끼마스까? 明日予約できますか?
> 내일 예약할 수 있어요?

예약을 하려면 며칠 동안 묵을 건지도 말해야죠?
잇파크(一泊), 니하크(二泊), 산파크(三泊), 욘하크(四泊)….
날짜에 따라 발음이 달라지는 점에 주의하세요.

산파크데 오네가이시마스 三泊でお願いします
> 3박으로 부탁합니다

요야크와 헷갈리는 단어가 하나 있는데요. 요-야크(ようや
く)입니다. '겨우', '간신히'라는 뜻이지요.

요-야크 요야크시마시따 ようやく予約しました
> 간신히 예약했습니다

ﾟ킨엔시츠데 오네가이시마스
애연자들의 흡연 행위가 비교적 자유로운 일본. 흡연 인구도,

담배 자동판매기도 많지만 흡연과 금연 장소의 구분만큼은 확실합니다. 숙소를 정할 때도 흡연 여부를 명확하게 물어보는 곳이 많은 편입니다.

담배를 피우는 행위는 흡연, 또는 끽연이라고 하지요. 일본어로는 '끽연'을 사용해 키츠엔(喫煙)이라고 합니다. '끽연자'는 키츠엔샤(喫煙者), 담배를 피워도 되는 '끽연실'은 키츠엔죠(喫煙所)나 키츠엔루-므(喫煙ルーム)라고 합니다. '금연'은 킨엔(禁煙)입니다. 카페나 공원, 건물에 킨엔이라는 표시가 있으면 담배를 피우면 안 되겠죠?

키츠엔킨시 喫煙禁止 > 흡연금지
키츠엔진코- 喫煙人口 > 흡연인구
킨엔쿠이키 禁煙区域 > 금연구역
젠멘킨엔 全面禁煙 > 전면금연

방을 예약할 때는 원하는 방이 흡연실, 키츠엔시츠(喫煙室)인지 금연실, 킨엔시츠(禁煙室)인지 말하면 됩니다. '흡연석'은 키츠엔세키(喫煙席), '금연석'은 킨엔세키(禁煙席)입니다.

킨엔시츠데 오네가이시마스 喫煙室でお願いします
> 금연실로 부탁합니다

헤야데 키츠엔 데끼마스까? 部屋で喫煙できますか?
> 방에서 흡연할 수 있어요?

숙소에서 손님에게 담배를 피우는지 물어보기도 하는데요.
'담배를 피우다'는 타바코오 스우(タバコを吸う)라고 합니다.
손님에게는 정중하게 타바코와 오스이데스까(タバコはお吸い
ですか?)라고 하거나 이와 비슷한 표현으로 물어봅니다. 간단
하게 대답하면 되겠지요.

스이마스 吸います > 피워요

스이마셍 吸いません > 안 피워요

타바코오 슷떼모 이-데스까? タバコを吸ってもいいですか?
> 담배를 피워도 될까요?

° **쳇크아우토와 난지마데데스까?**

여행지에 도착하면 숙소의 입실과 퇴실 시각을 잘 확인해놓
아야 할 텐데요. 한국에서도 흔히 쓰는 체크인과 체크아웃을
일본어로 말하면 됩니다. 몇 시부터인지 물어볼까요?

쳇크인와 난지카라데스까? チェックインは何時からですか?
> 체크인은 몇 시부터인가요?

'한 시간 정도 일찍 도착할 것 같은데…' 짐을 들고 돌아다 닌다고요? 그러다가 첫날부터 쓰러질지도 몰라요. 좀 더 일찍 체크인을 해도 되는지부터 물어봐야죠. 얼리체크인이라고 하 지요. 일본어로는 아-리-쳇크인(アーリーチェックイン)입니다.

아-리-쳇크인와 데끼마스까?
アーリーチェックインはできますか?
> 얼리체크인 할 수 있습니까?

미리 신청하지 않아서 어렵다면 짐이라도 맡겨야죠! '짐'은 니모츠(荷物)입니다. '짐을 맡기다'는 니모츠오 아즈케르(荷物を預ける)라고 합니다. 자, 맡길 수 있는지 물어볼까요?

니모츠오 아즈케라레마스까? 荷物を預けられますか?
> 짐을 맡길 수 있습니까?

여행의 끝, 일단 체크아웃 시간부터 잘 지켜야지요. 그래도 꼭 늦는 사람들 있지요? 버틸 때까지 버티다가 아슬아슬하게 준비하는 타입이라면 체크아웃을 늦추는 게 가능한지도 알아 두는 게 좋습니다.

쳇크아우토와 난지마데데스까?

チェックアウトは何時までですか?
> 체크아웃은 몇 시까지입니까?

레이토쳇크아우토와 데끼마스까?
レイトチェックアウトはできますか?
> 레이트 체크아웃 할 수 있습니까?

쳇크인, 쳇크아우토는 너무 쉽지요? 뉴-시츠(入室), 타이시츠(退室)도 써보세요!

뉴-시츠와 난지카라데스까? 入室は何時からですか?
> 입실은 몇 시부터입니까?

타이시츠와 난지마데데스까? 退室は何時までですか?
> 퇴실은 몇 시까지입니까?

° 쵸-쇼크즈키데스까?

'조식'은 쵸-쇼크(朝食)라고 합니다. '중식'은 츄-쇼크(昼食), '석식'은 유-쇼크(夕食)입니다. 인터넷에서 숙소를 예약할 때 잘 살펴보면 쵸-쇼크즈키(朝食付き)라고 쓰여 있는 객실이 있는데요. 조식이 포함돼 있다는 의미입니다. 쵸-쇼크즈키를 예약했다고 하더라도 체크인 할 때 다시 확인하는 게 좋습니다.

쵸―쇼크즈키데스까? 朝食付きですか?
> 조식 포함입니까?

쵸―쇼크즈키데 요야쿠시마시따 朝食付きで予約しました
> 조식 포함으로 예약했습니다

전통 료칸에는 조식 장소가 별도로 마련돼 있는 곳이 많습니다. 맛있는 아침식사를 놓치는 일이 없도록 시간도 꼭 알아두어야지요? 앞서 출발지에서 목적지까지를 표현할 때 카라(から), 마데(まで)를 썼는데요. '언제부터 언제까지'처럼 시간을 말할 때도 쓸 수 있습니다.

쵸―쇼크노 바쇼와 도코데스까?
朝食の場所はどこですか?
> 조식 장소는 어디입니까?

쵸―쇼크와 난지카라 난지마데데스까?
朝食は何時から何時までですか?
> 조식은 몇 시부터 몇 시까지입니까?

일본 현지 음식으로 먹고 싶다면? '일식'은 일본을 뜻하는 와(和)를 써서 와쇼크(和食)라고 합니다. 서양식은 '양식', 요―쇼크(洋食)입니다. 아침식사니까 뷔페가 많겠지요? '뷔페'는 븃훼(ビュッフェ) 혹은 바이킹그(バイキング)라고 합니다.

쵸-쇼크와 와쇼크데스까? 바이킹그데스까?

朝食は和食ですか？ バイキングですか？

> 조식은 일식입니까? 뷔페입니까?

° 헤야오 카에타이데스

비싼 돈을 주고 좋은 숙소를 잡았는데 창밖으로 보이는 건 콘크리트 벽? 일단 좀 높은 곳으로라도 바꿔달라고 해볼까요? 그런데 조심해야 할 게 있습니다. 타카이(高い)에는 '높다'는 뜻도 있지만 '비싸다'는 뜻도 있거든요. 분위기나 뉘앙스로 의미는 알 수 있겠지요. 하지만 무심코 타카이 헤야(高い部屋)라고만 했다가는 더 비싸고 좋은 객실로 이해할 수도 있습니다.

그냥 '더 위에 있는 방'이라고 쉽게 풀어서 말해볼까요? '위'는 우에(上)입니다. '층'은 카이(階)라고 하는데요. 잇카이(一階 · 1층), 니카이(二階 · 2층), 산카이(三階 · 3층)…라고 합니다.

못토 우에노 카이노 헤야와 아리마셍까?

もっと上の階の部屋はありませんか？

> 더 위층 방은 없습니까?

헤야오 카에타이데스 部屋を変えたいです > 방을 바꾸고 싶어요

바다나 산이 보이는 전망이라든지, 도시나 정원 전망의 방이 있는지도 한번 물어보세요. 영어 표현을 그대로 쓰는 것이

일반적이지요.

오ー샨뷰ー オーシャンビュー > 바다 전망
마운텐뷰ー マウンテンビュー > 산 전망
시티ー뷰ー シティービュー > 도시 전망
가ー덴뷰ー ガーデンビュー > 정원 전망

못토 나가메노 이ー 헤야오 오네가이시마스
もっと眺めのいい部屋をお願いします
> 조금 더 전망이 좋은 방을 부탁합니다

전망만 좋다고 전부가 아니죠? 혹시 방이 시끄럽다면? '시
끄럽다'는 우루사이(うるさい)입니다.

우루사이! うるさい > 시끄러워!

헤야가 춋토 우루사이데스 部屋がちょっとうるさいです
> 방이 좀 시끄럽습니다

일본어 책에는 나오지 않는 요즘 일본어

웬만한 책 대여섯 권은 합쳐놓은 것만큼 무겁고 두꺼운 책. 깨알같은 글
씨에 오탈자는 도저히 용납되지 않을 것 같은 종이 사전. 이런 사전은
도대체 어떤 사람들이 얼마나 걸려서 만드는 걸까요? 영화 〈행복한 사
전〉은 출판사 사전 편집부원들이 한 권의 사전을 만들기까지 10여 년
의 과정을 잔잔하게 그려낸 영화인데요. 사전 편집부원 중에는 정반대
의 캐릭터를 갖고 있는 등장인물 두 명이 나옵니다.

진중하지 않은 분위기로 사전 만드는 일과는 도저히 어울릴 것 같지
않은 니시오카. 부서 회식이 끝나고 돌아가는 길에 편집부 신입 마지메
에게 현대어 강의를 시작합니다. 점잖은 표현밖에 모르는 마지메에게
젊은이들이 잘 쓰는 표현을 가르쳐주는 거지요. 마지메는 언어학을 전
공한 책벌레에 영업과 대인관계는 젬병입니다.

우마이 모노오 타베떼, "야바이! 코레! 게키우마!"

うまい物を食べて、"やばい！ これ！ 激うま!"

> 맛있는 걸 먹고 나서, "위험해! 이거! 진짜 맛있어!"

니시오카가 하는 말의 핵심은 '야바이(やばい)'입니다. 야바이는 '위험하
다'는 뜻인데요. 원래 부정적인 의미인데 요즘은 긍정적으로 사용한다
는 겁니다. 사실 이미 오래전 얘기인데 마지메가 그 정도도 모를 만큼

유행에 뒤떨어지고 재미없는 사람인 거죠. 야바이는 예능 프로그램에서도 자주 들을 수 있는 말인데요. 우리가 자주 쓰는 '대~박!'과 비슷한 느낌이라고 할 수 있을까요? 그 뜻을 상황에 맞게 생각해보세요.

• 아침에 눈을 떴는데 이미 지각일 때
카이샤 야바이! 会社やばい! > 회사 위험해!

• 카페 남자 종업원이 매우 잘생겼을 때 혹은 그 반대일 때
카레 미따? 야바이! 彼見た? やばい! > 저 사람 봤어? 대박!

• 집을 나섰는데 날씨가 너무 춥거나 화창할 때
텐키 야바이! 天気やばい! > 날씨 대박!

• 음식이 매우 맛있거나 맛없을 때
코레 야바이! これやばい! > 이거 위험해!

이처럼 일본어뿐만 아니라 외국어를 공부할 때에는 진지한 공부만으로는 알기 어려운 표현들이 꽤 있습니다. 그런데 실생활에서는 매 순간마다 부딪히게 되지요. 일본어를 공부해도 예능 프로그램을 알아듣기 쉽지 않은 게 그 때문입니다. 발음을 알아듣기가 어렵다는 게 아니라 생소한 단어들이 많이 나온다는 말인데요. 그런 표현들을 몇 가지 함께 알아볼까요.

1. 우마이(うまい)
앞의 예문에서 '맛있다'는 뜻으로 쓴 '우마이'도 실제로 많이 사용합니다. 우마이 모노(うまい物)는 '맛있는 것'이라는 뜻인데요. TV나 실제 대화에서는 오이시-(美味しい)보다 우마이를 더 자주 듣게 될지도 모릅니다. 오이시-보다 조금 더 거친 표현으로 주로 남자들이 사용하지요. 격이 있는 말이라고는 볼 수 없습니다. 막 나온 먹음직스러운 라-멘을 후

루룩 한 젓가락 먹고 '우마이~!'라고 하면 됩니다.

2. 마지(マジ)

마지데스까? マジですか? > 정말요?

마지메(真面目)는 '진지함', '성실'이라는 뜻입니다. 이 단어가 줄어서 '마지'가 됐습니다. 의미는 조금 다른데요. 주로 놀람을 나타낼 때 습관적으로 쓰는 표현입니다. 젊은층의 대화에 자주 등장하지요. 혼토-(本当)와 비슷하지만 더 가볍게 사용한다고 생각하면 됩니다. 친한 사이에서는 더 줄여서 말합니다. 마지(マジ)? 마지데(マジで)?

카노죠또 와카레따요 彼女と別れたよ
> 여자친구랑 헤어졌어

마지데? 도-시떼 와카레따노? マジで? どうして別れたの?
> 정말? 왜 헤어진 거야?

3. 모테르(持てる)

이제 일본어 첫발을 뗀 사람에게 '저는 인기가 있습니다'라고 말해보라 하면 일단 닝끼(人気)라는 어휘를 떠올릴 수밖에 없습니다. 닝끼가 아리마스(人気があります) 또는 닝끼데스(人気です)라고 하겠지요. '이성에게 인기가 있다'라고 할 때는 모테르(持てる)라는 표현을 씁니다. モテる처럼 카타카나로도 많이 쓰는데요. 한자를 알면 더 쉽게 이해할 수 있습니다. 모츠(持つ)는 '들다', '갖다'라는 뜻인데요. 그 가능형이 모테르가 되지요. 즉 '가질 수 있다'는 뜻인 겁니다. 일드나 예능 프로그램을 접해온 사람이라면 모테르를 먼저 떠올렸을지도 모릅니다. 모테르는 이미 에

도시대부터 사용해온 오래된 단어인데요. 일본어 공부를 막 시작한 입장에서는 JLPT N1 수준에 해당하는 머나먼 고급 어휘입니다. 그에 비해 닝끼는 초급부터 접하는 단어이지요. '인기 있는 남자'는 '모테르 + 오토코'를 줄여 모테오토코(モテ男), '인기 있는 여자'는 모테온나(モテ女)라고 합니다. 인기가 정말 많다고 할 때는 이렇게 말합니다.

카레와 모테모테데스요 彼はモテモテですよ
> 그는 인기쟁이에요

인기 있던 시절을 나타내는 표현도 있습니다.

와타시노 모테키와 코-코-지다이 私のモテキは高校時代
> 나의 인기 시절은 고교 시절

모테키(モテキ)에서 키(キ)는 '시기'를 뜻하는 지키(時期)의 키(期)를 카타카나로 쓴 겁니다. 모테르 지키(持てる時期)의 줄임말이라고 생각하면 쉽지요.

4. 키모이(キモイ)

'키모이'는 90년대부터 활발하게 쓰는 속어인데요. 기분을 뜻하는 키모찌(気持)와 나쁘다는 뜻의 와르이(悪い)를 합친 말입니다. '기분이 나쁘다'는 뜻인데, 주로 기분이 언짢아지는 무언가를 봤을 때 '키모이~'라고 합니다. 더 강조하고 싶을 때는 쵸키모이 (超キモイ)라고 하면 되지요. 기분 나쁘게 생겼지만 왠지 귀여운 경우에는 키모카와이-(キモ可愛い)라고 합니다. 키모이(キモイ)와 카와이-(可愛い)를 합친 겁니다.

5. 구-구르(グーグる)

카타카나 구-구(グーグ)에 히라가나 르(る)가 붙었지요. 여기서 외래어를 동사화했다는 걸 알 수 있습니다. Google은 일본어로 구-구르(グー グル)라고 하는데요. 여기서 구-구(グーグ)를 따와 동사처럼 쓰는 겁니 다. '구글에서 검색하다'는 뜻으로 쓰기 시작했다가 지금은 '인터넷에서 검색하다'라는 뜻으로 사용하고 있습니다.

6. 사보르(サボる)

노동자들이 쟁의 행위 중에 작업 능률을 저하시키거나 태업을 하는 것 을 프랑스어로 sabotage라고 하는데요. 일본어로는 사보타-쥬(サボタ ージュ)가 됩니다. 사보(サボ)에 르(る)를 합쳐 '게을리하다'는 뜻으로 사 용합니다.

쿄- 카이샤 사봇따 今日会社サボった ＞ 오늘 회사 농땡이 피웠어

    회사에서 사고를 치면? 토라브르(トラブる)라는 표현을 씁니다. 이제 감이 좀 잡히시나요? 문제를 뜻하는 trouble은 토라브르(トラブル)라고 하는데요. 여기서 '사고나 문제를 일으키다'는 뜻으로 토라브르(トラブ る)라는 표현이 만들어진 겁니다.

    실수를 했을 때는 뭐라고 할까요? '놓치다', '실수하다'는 뜻의 miss 를 동사화한 미스르(ミスる)를 씁니다. 큰 실수를 하면 패닉상태가 되는 데요. '패닉이 되다'고 할 때는 패닉의 일본어인 파닛크(パニック)를 써 서 파니크르(パニクる)라고 합니다.

    메모는 기억보다 강하다! '메모를 하다'는 메모르(メモる)라고 합니 다. 카라오케(カラオケ)에 가는 건? 오케르(オケる)!

5.

유용한 표현은 모두 일드가 가르쳐줬어

-드라마와 함께 일본어 술술

빠져든다 빠져든다 드라마에 빠져든다… 드라마 한 편 보고 나니 어느새 입에서 일본어가 술술 나오는데? 쉽고, 재미있게 일본어 공부하기의 끝판왕!

1. 메뉴-와 코레다케
메뉴는 이것뿐

〈심야식당〉

드라마 〈심야식당〉은 담담한 내레이션으로 시작합니다. 목소리의 주인공은 심야식당의 주인. 사람들은 그를 마스타-(マスター)라고 부릅니다. master, '주인'이라는 뜻이지요.

하루를 끝낸 사람들이 귀가를 서두를 무렵, 신주쿠의 뒷골목에서 식당 문을 열며 하루를 시작하는 마스타-. 심야식당의 노렌(のれん)에는 메시야(めしや)라고 쓰여 있지요. 일본의 상점 입구에 걸어 놓은 천을 노렌이라고 합니다. 보통 상호가 새겨져 있습니다. 메시(めし)는 '밥'이나 '식사'를 뜻하는 말이고, 야(屋 · や)는 '~을 취급하는 집'이라는 뜻입니다. 쉽게 말해 메시야는 '밥집'이란 뜻이지요.

스시야 寿司屋 > 스시 가게
우동야 うどん屋 > 우동 가게
라-멘야 ラーメン屋 > 라면 가게

홍야 本屋 > 서점
쿠스리야 薬屋 > 약국
하나야 花屋 > 꽃집

오이시- 스시야오 오시에떼 쿠다사이
美味しい寿司屋を教えてください
> 맛있는 스시 가게를 가르쳐주세요

코노 헨니 홍야 아리마스까? この辺に本屋ありますか?
> 이 근처에 서점이 있습니까?

밥집 심야식당의 메뉴는 많지 않습니다.

누렇게 바랜 종이에 적혀 있는 겨우 다섯 줄의 메뉴. 그중에 요리는 톤지르테-쇼크 (豚汁定食 · 돼지고기 수프 정식) 하나뿐입니다. 톤지르는 돼지고기를 주재료로 하는 일본식 된장국, 즉 미소시르(味噌汁)를 말합니다. 돼지를 뜻하는 톤(豚)이 들어가는 음식으로는 톤코츠라-멘(豚骨ラーメン · 돼지뼈 라면), 톤소크(豚足 · 돼지 족발)도 있습니다.

메뉴-와 코레다케 メニューはこれだけ > 메뉴는 이것뿐

말은 이렇게 해도 마스타-에게는 독특한 영업 방침이 있습니다. 손님이 어떤 요리를 주문하더라도 재료가 있는 한 '하이

요(はいよ)!' 하며 음식을 뚝딱 만들어주지요.

드라마 심야식당의 별미는 드라마 후반부에 등장합니다. 주인공이 마스타-와 함께 사연이 담긴 요리의 레시피를 소개하는 부분입니다. 집에서도 손쉽게 만들 수 있는 심야식당의 숨겨진 메뉴, 살펴볼까요?

° 네코맘마

네코(猫)는 '고양이', 맘마(まんま)는 '어린아이의 밥'을 가리키는 표현입니다. 네코맘마(猫まんま)라고 하면 '고양이밥'이라는 뜻인데요. 물론 여기서는 진짜 고양이밥을 말하는 게 아닙니다. 고양이 먹이로 줄 것 같은 대충 만든 음식이라는 뜻에서 그렇게 말하는 거죠. 지역에 따라서 네코맘마의 종류도 다릅니다. 도쿄를 비롯한 관동에서 네코맘마라고 하면 카츠오부시(鰹節)를 얹어서 먹는 밥을 떠올리는 사람이 많고, 관서에서는 주로 미소시르에 말아 먹는 밥을 떠올립니다.

마스타-가 심야식당의 문을 닫으려던 아침 6시 반. 한 여성이 들어와 카츠오부시가 있냐고 물어봅니다. 카츠오부시를 얹은 따뜻한 밥에 장을 뿌려서 먹고 싶다는 건데요. 카츠오부시는 가다랑어를 건조하고 발효시켜서 만든 포를 말합니다. 요즘은 한국에서도 요리할 때 많이 사용하지요. 따뜻한 요리 위에서 나풀거리는 노란 물체, 냄새도 생김새도 더 먹음직스럽

게 만들죠? 흰밥과 궁합은 물론이고, 오코노미야키(お好み燒き), 타코야키(たこ燒き)에도 잘 얹어 먹는 음식입니다.

갓 지은 따뜻한 밥으로 만들어 먹는 게 좋겠죠? 마음 좋은 마스타-는 어차피 먹을 거면 데끼타테노 메시(出来立ての飯)로 해주겠다고 합니다. 데끼타테(出来立て)는 '갓 완성된 상태'라는 뜻으로 데끼타테노 메시는 '막 지은 밥'을 말합니다. 데끼타테는 꼭 요리가 아니더라도 쓸 수 있는 표현입니다.

데끼타테노 타카이 비르 出来立ての高いビル
> 이제 막 지은 높은 빌딩

네코맘마에는 데끼타테처럼 ~타테(立て)가 들어간 한 가지가 더 필요합니다. ~타테는 '갓 ~한'이라는 뜻인데요. 케즈리타테(削り立て)는 '이제 막 깎은 것'이라는 뜻입니다.

케즈리타테노 카츠오부시 削り立ての鰹節
> 이제 막 깎은 가다랑어포
야키타테 焼き立て > 이제 막 구운 것

야키타테노 타코야키 쿠다사이! 焼き立てのたこ焼きください!
> 이제 막 구운 타코야키 주세요!

° *바타-라이스*

일주일에 한 번, 심야식당에 찾아오는 손님이 있는데요. 마스타-는 이 손님에게는 밥값을 받지 않습니다. 대신 식사를 마치면 손님들과 함께 노래 한 곡을 청해 듣지요. 떠돌이 악사가 항상 주문하는 건 바타-라이스(バターライス · 버터라이스)! 따뜻한 밥 한 그릇에 바타-(バター) 한 스푼이 전부입니다. 심야식당 단골들에게 유행을 불러일으킨 이 음식은 어떤 맛일까요? 네코맘마만큼이나 소박한 바타-라이스를 맛있게 먹는 두 가지 비법이 등장합니다.

첫째, 산쥬-뵤-(30秒). 김이 모락모락 나는 흰쌀밥. 나이프로 조심스레 썰어 그 위에 얹는 연한 노란 빛깔의 바타-. 나무 젓가락을 손에 쥔 악사는 흰 밥으로 바타-를 조심스레 덮습니다. 그리고 앉은 채로 잠을 청하는 듯 잠시 눈을 감지요. 그러기를 10초, 20초, 30초…. 참을 수 없는 풍미에 악사의 입가엔 미소가 떠오릅니다.

쥬-뵤- 10秒 > 10초
니쥬-뵤- 20秒 > 20초
산쥬-뵤- 30秒 > 30초
바타-노 후-미 バターの風味 > 버터의 풍미

둘째, 춋토다케(ちょっとだけ). 그렇다고 여기서 서두르면 안

됩니다. 쇼-유(醬油)를 빠뜨릴 수는 없지요. 일본식 간장인 쇼-유는 한국의 간장보다는 단맛이 좀 강한데요. 그렇다고 마구 뿌리면 안 되겠죠? 잠깐 방심해서 쇼-유를 많이 부었다가는 소중한 바타-의 풍미를 헤치게 됩니다. 쇼-유를 집어 든 악사는 혼잣말로 주문을 외우듯 중얼거립니다.

 춧토다케, 춧토다케 ちょっとだけ, ちょっとだけ
> 조금만, 조금만

춧토(ちょっと)란 '조금'이라는 뜻입니다. '조금 기다려'라는 뜻의 춧토맛떼(ちょっと待って)는 많이 들어봤을 겁니다. 다케(だけ)는 '~뿐', '~만'이라는 뜻입니다.

 히토쿠치다케 一口だけ > 한 입만

히토쿠치 타베르? 一口食べる? > 한 입 먹을래?

바타-라이스 히토쿠치다케! バターライス一口だけ!
> 버터라이스 한 입만!

바타-라이스를 맛있게 먹는 한 가지 팁이 더 있습니다. 일본의 '김'인 노리(のり)에 싸 먹거나 시치미토-가라시(七味とう

がらし)를 뿌려 먹는 겁니다. 토-가라시(とうがらし)는 '고추'인데요. '일곱 가지 맛'이란 뜻의 시치미(七味)와 함께 써서 고추, 깨, 산초 등을 빻아서 섞은 향신료를 말합니다.

° 카라아게

집에서, 이자카야에서, 도시락 가게에서…. 어딜 가도 먹을 수 있는 카라아게(から揚げ)는 다양한 재료에 밀가루를 묻혀 기름에 튀긴 음식을 말합니다. 꼭 닭에 한정된 건 아니지요. 생선이든 감자든, 채소든 이런 방식으로 튀기면 카라아게가 되는 겁니다. 지금은 카라아게라고 하면 치킨 카라아게를 말하는 경우가 많지요? 그런데 후라이드 치킨과 비교하는 건 좀 서운합니다. 집에서 엄마가 해주는 맛있는 가정요리, 카라아게를 떠올리는 사람이 많을 테니까요.

사야 짱도 그런 사람 중 한명입니다. 하지만 꿈속에서 나타난 사야의 오빠는 사야의 카라아게를 다 먹어버리지요. 그래서일까요? 사야는 심야식당에서도 주문한 카라아게를 기다릴 때 마다 잠들어버리고 마는데요. 그녀는 단 두 문장으로 카라아게의 레시피를 소개합니다.

첫 번째 레시피, 시타아지(下味). 시타(下)는 '아래', '밑'을 뜻합니다. 아지(味)는 '맛'입니다. 즉 시타아지는 아래에 깔린 맛, '밑간'이지요. 시타시고토(下仕事)라고 하면 '밑작업'을 뜻합니다. 사야 짱이 가르쳐주는 밑간의 재료는 두 가지입니다.

시타아지노 쇼-가야 닌니쿠 下味の生姜やニンニク
> 밑간에는 생강이나 마늘

일본음식 중에 쇼-가야키(生姜焼き)를 들어보셨나요? 구운
돼지고기에 생강간장소스를 부어 졸인 일본의 가정요리지요.
여기서 핵심은 쇼-가, '생강'입니다. 부타니쿠(豚肉)는 '돼지고
기', 규-니쿠(牛肉)는 '소고기', 그럼 닌니쿠는? 고기가 아니고
'마늘'입니다. 여기에 후추인 브랏크펫파-(ブラックペッパー・
black pepper)는 취향에 따라 선택하세요!

두 번째 레시피는 니도아게(二度揚げ). 카라아게는 딱딱하지
않고 부드러워야죠! 그럼 고기를 한 번 더 튀겨주세요. 니도
(二度)는 '두 번'입니다. 니는 이치(一), 니(二), 산(三), 시(四) 할
때 '2'를 뜻합니다. '한 번', '두 번'이라고 할 때는 여기에 도(度)
를 붙여서 이치도(一度), 니도(二度)라고 합니다.

모-이치도 오네가이시마스 もう一度お願いします
> 한 번 더 부탁드립니다

상대방의 설명을 잘 못 알아들었을 때 쓸 수 있는 유용한
표현이지요.

아게(揚げ)는 카라아게에서처럼 '튀김'이란 뜻이지요. 니도 아게는 '두 번 튀긴다'는 뜻입니다.

 톤카츠 니도아게노 레시피 豚カツ二度揚げのレシピ
> 돈까스 두 번 튀기는 레시피

°츠나마요동

꽁치, 파인애플, 참치… 통조림만 건네줘도 뚝딱뚝딱 금세 뭔가를 만들어내어 주는 심야식당 마스타-. 통조림 요리는 츠나마요동(ツナマヨ丼)만한 게 없지요.

츠나(ツナ)? 익숙한 이름이죠? 'tuna'라고 하면 뭐가 떠오르세요? '참치'입니다. 마요(マヨ)는 마요네-즈(マヨネーズ)를 줄인 말, 동(丼)은 '덮밥'이지요. 참치와 마요네즈를 섞어 밥 위에 얹어 먹는 덮밥을 츠나마요동이라고 합니다. 집에 있는 재료들만으로 짧은 시간에 후다닥 해 먹을 수 있는 간단한 밥이지요. 남편들의 혼밥 메뉴로도 딱이지만 요리라고 하기엔 좀 민망하지요.

참치를 활용한 메뉴 중에 츠나칸또 타마네기(ツナ缶と玉葱)도 있습니다. 츠나가 참치면 츠나칸은? '참치캔'이지요. 칸은 '금속제 용기'를 말합니다.

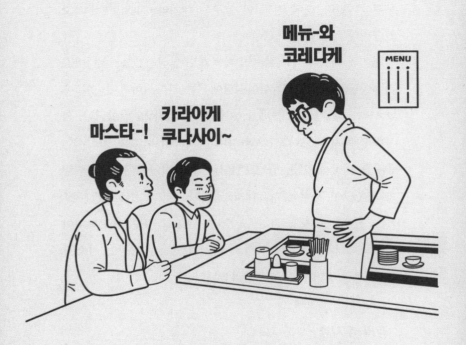

잘게 썬 타마네기(玉葱)도 넣어야 하는데요. 타마네기는 '양
파', 여기서 타마를 뺀 네기(葱)는 '파'를 말합니다. 양념에 버
무린 파를 라-멘에 잔뜩 얹어 주는 네기라-멘(葱ラーメン)도
있습니다.

참치와 타마네기만 섞으면 아무래도 심심하겠죠? 츠나마요
의 주인공 마요네-즈! 심야식당에서는 카라시마요네-즈(から
しマヨネーズ)가 나오는데요. 카라시는 '겨자'를 말합니다. 와
사비랑 뭐가 다르냐고요? 와사비는 식물의 뿌리를, 카라시는
종자를 이용해 만든 향신료입니다. 카라시마요네-즈는 찌릿
한 매운맛이 가미된 마요네-즈입니다. 산도잇치(サンドイッチ
· 샌드위치)나 홋토돗끄(ホットドッグ · 핫도그) 또는 오코노미야
키 같은 요리에 잘 어울리지요. 여기에 일본식 된장인 미소(味
噌)를 조금 넣어주는 것도 괜찮습니다.

° **크리-무시츄-**
신주쿠의 뒷골목에 차가운 바람이 찾아올 때면 마스타-가 만
드는 요리가 있습니다.

쿄-와 크리-무시츄-다나 今日はクリームシチューだな
> 오늘은 크림스튜군

때마침 찾아온 첫 손님은 마스타-가 이미 자신이 먹고 싶은 음식을 만들었다는 걸 알고 외칩니다.

굿또 타이밍그! グッドタイミング! > 굿 타이밍!

딱 1인분이 남았다는 걸 안 여자 손님은 lucky, 랏키-(ラッキー)라면서 즐거워하지요. 1인분은 이치닌마에(一人前)라고 합니다. 이치닌(一人)은 '한 사람', 마에(前)는 '앞'입니다. 즉 한 사람 앞, '1인분'이지요.

니닌마에 二人前 > 2인분
산닌마에 三人前 > 3인분

요닌마에 오네가이시마스 四人前お願いします
> 4인분 부탁합니다

재료에는 무엇이 있는지 알아볼까요?

비-후 ビーフ > 소고기
부타니크 豚肉 > 돼지고기

사카나 魚 > 생선
토리니크 鳥肉 > 닭고기
토리 鳥 > 닭, 새

참고로 마스타-는 닭고기를 썼습니다. 스튜는 아무래도 조금 걸쭉해야지요? 그래서 닭고기에는 밀가루를 묻혔습니다. '밀가루'는 코무기코(小麦粉)라고 하는데요. 코무기(小麦)는 '밀', 뒤에 오는 코(粉)는 '가루'를 뜻합니다. '보리차'를 무기챠(麦茶)라고 하지요.

엄마의 스튜를 떠올렸던 손님은 마스타-의 스튜를 먹어보더니 시한노 루-(市販のルー)가 맞냐고 물어봅니다. 시한(市販)은 시중에서 판매하는, 즉 '시판'이라는 뜻입니다. 엄마가 만들어줬던 테즈쿠리(手作り) 스튜는 밀가루가 눌어 있었다며 금세 알아차린 거죠. 테(手)는 '손'이죠? 즈쿠리(作り)는 '만든 것'입니다. 손으로 만든 것, '수제'라는 뜻입니다.

테즈쿠리케-키 手作りケーキ > 수제 케이크
테즈쿠리팡 手作りパン > 수제 빵
테즈쿠리 소-세-지 手作りソーセージ > 수제 소시지

루-(ルー)는 스튜를 걸쭉하게 만들기 위해 밀가루를 바타-로 볶은 건데요. 카레-(カレー)나 소-스(ソース)를 만드는 데도

사용합니다. 루-의 양을 줄이고 우유나 바타-를 넣으면 맛의 깊이가 더해진답니다. '우유'는 규-뉴(牛乳) 또는 미르크(ミルク)라고 합니다.

°소바

한 해의 마지막 날. 마스타-가 메밀가루 반죽을 밀대로 열심히 펴고 있습니다. 가게 문도 평소보다 꽤 일찍 열었습니다. 심야식당에서 토시코시(年越し)를 원하는 사람들이 꽤 있기 때문인데요. 토시(年)는 한 해, 두 해 할 때 '해'를 뜻합니다. 올해는 코토시(今年)라고 합니다. 토시에는 '나이'라는 뜻도 있습니다. '아래'를 뜻하는 시타(下)를 붙여 토시시타(年下)라고 하면 '연하', '위'를 뜻하는 우에(上)를 붙여 토시우에(年上)라고 하면 '연상'입니다.

카레시와 토시시타데스 彼氏は年下です
> 남자친구는 연하입니다

코시(越し)는 넘김. 즉 토시코시는 '해넘이'를 뜻합니다. 한 해를 보내고 새로운 해를 맞이하는 '송구영신'이죠. 이날 마스타-의 메뉴는 무엇일까요?

토시코시를 위해 하나둘 심야식당으로 모여드는 단골들.

하나같이 직접 들고 온 테우치소바(手打ちそば)를 내미는데요. 거래처 사람에게 받았다는 손님도 있고, 고향에서 보내왔다는 손님도 있습니다. 테(手)는 '손', 우치(打ち)는 '때림'이라는 뜻으로 '손으로 쳐서 만든 소바'를 말합니다. 마스타-에게 직접 들고 온 테우치소바로 토시코시소바(年越しそば)를 만들어달라고 부탁하는 겁니다.

토시코시소바는 12월 31일에 다가오는 새해 행운을 빌며 먹는 소바를 말합니다. 일본사람들은 왜 소바를 먹는 걸까요? 다른 면과는 달리 끊어지는 느낌이 강해 액운을 끊어낸다는 의미도 있고, 길고 가는 면은 장수를 뜻하기도 합니다.

어느덧 자정. 심야식당의 낡은 벽시계가 새해가 왔음을 알리자 마스타-가 모두에게 새해 인사를 건넵니다. '날이 밝다', '새해가 되다'는 뜻인 아케르(明ける)를 사용합니다.

 아케마시떼 오메데토-고자이마스
明けましておめでとうございます
> 새해 축하합니다

새로운 해가 밝은 것을 축하한다는 의미가 되겠죠? 여기에 이어지는 표현이 있습니다.

코토시모 요로시쿠오네가이시마스

今年もよろしくお願いします

> 올해도 잘 부탁드립니다

친밀한 사이에서는 두 표현을 줄여서 말하기도 합니다. 일본인 친구가 있다면 새해 메시지를 보내보세요!

아케오메! あけおめ! > 새해 축하!

코토요로! ことよろ! > 올해도 잘 부탁!

새해가 밝았으니 이제 떡국을 먹어야죠! 일본의 떡국은 조-니(雑煮)라고 하는데요. 장국과 찰떡, 야채 등을 재료로 사용합니다.

심야식당: 〈深夜食堂〉

아베 야로의 만화를 원작으로 한 드라마 〈심야식당〉은 TBS에서 2009년 10월부터 방영됐습니다. 과묵하지만 인간미 넘치는 심야식당의 마스타—를 중심으로 식당을 찾는 소시민들의 사연, 일본의 뒷골목 정서, 그들이 즐겨 찾는 음식들을 잘 버무려 소개하는 내용인데요. 늦은 시간에 방영된 드라마임에도 불구하고 큰 인기를 끌었습니다. 편당 25분이라는 짧은 분량도 시청자의 부담을 줄였지요. 2015년 '서울 국제 드라마 어워즈'에서 일본 TV 드라마로는 처음으로 외국 드라마 인기상을 받았습니다. 우리나라에서 김승우 주연의 리메이크작이 방영되기도 했습니다.

2. 시아와세노 죠-켄

행복의 조건

〈도쿄여자도감〉

"카와이-와 세-기(可愛いは正義)."

카와이-(可愛い)는 많이 들어보셨죠? 세-기(正義)는 정의롭다고 할 때 '정의'입니다. '예쁜 게 옳다'는 뜻이지요. 일본인들이 어떤 물건을 가리키며 '코레 카와이-(これ可愛い)'라고 하는 모습을 종종 볼 수 있는데요. '저게 귀여운가?'라는 생각이 들 때가 있지요. 카와이-는 보통 '귀엽다'는 뜻으로 알고 있지만 '예쁘다'는 뜻으로도 많이 씁니다.

〈도쿄여자도감〉의 주인공 사이토 아야는 이런 신념을 갖고 학창시절을 보냅니다. 예쁘기만 하면 여자로서 성공하는 게 어렵지 않다면서요. 도쿄는 그런 가능성이 돌멩이처럼 굴러다니는 곳이라고 생각합니다. 그래서 아야는 지방에서 태어난 걸 후회하지요.

아야가 생각하는 행복의 조건은 확실합니다. 여자로서 말이지요. 아직 고등학생인 그녀가 머릿속으로 떠올립니다.

진세-오 콘프리-토스르 타메노 아이테무
人生をコンプリートするためのアイテム
> 인생을 완성하기 위한 아이템

진세-(人生)는 인생입니다. 콘프리-토(コンプリート)는 complete의 일본어 발음으로 '완료'라는 뜻이지요. 아야가 생각하는 '여자로서 인생을 완성하기 위한 아이템'. 그 전제는 물론 도쿄입니다. 몇 가지 살펴볼까요?

° 레스토랑

요야크노 토레나이 레스토랑 予約の取れないレストラン
> 예약할 수 없는 레스토랑

'예약을 한다'는 요야쿠오 스르(予約をする)라고 하는데요. 스르 대신 '차지하다', '취하다'는 뜻인 토르(取る)를 쓸 수도 있습니다. 숙소를 예약할 때 '방 잡았어?'라고 하지요? 비슷한 뉘앙스입니다. 토레르(取れる)는 토르의 가능형으로 '잡을 수 있다'는 뜻입니다. 예를 들어, 인기 있는 맛집에 가기 위해 친구에게 예약을 부탁한 뒤 요야크 토레따(予約取れた)? 하면 '예약할 수 있었어?'가 되는 거죠. 토레나이(取れない)는 그 부정의 의미로 '예약을 할 수 없다'입니다.

아야가 말한 요야크노 토레나이 레스토랑이란 '예약을 할

수 없는 레스토랑', 즉 쉽게 갈 수 없는 고급레스토랑을 말한 겁니다. 인기가 많아서일 수도 있고, 가격이 비싸서일 수도 있겠지요. 보통 사람은 들어갈 수도 없는 회원제 레스토랑을 생각한 걸까요? 드라마에서는 도쿄 에비스(恵比寿)의 상징, 죠에 르로브숑(ジョエルロブション)이 등장합니다. 미슐랭 3스타로 도쿄 프렌치요리의 최고봉, 가격도 최고봉입니다. 아야는 서른 전에 이곳에서 데이트를 한다면 성공한 여자라고 생각합니다. 그녀가 꼽는 첫 번째 인생 아이템인 것이죠.

° 카레시

카레시(彼氏)는 '남자친구'를 말하는데요. 아야가 원하는 남자는 바로 '다이리텐노 카레시'입니다.

다이리텐노 카레시 代理店の彼氏
> 대리점에 근무하는 남자친구

다이리텐(代理店)은 '대리점'을 뜻합니다.

료코- 다이리텐 旅行代理店 > 여행 대리점
코-코크 다이리텐 広告代理店 > 광고 대리점
호켄 다이리텐 保険代理店 > 보험 대리점
다이리텐 보슈- 代理店募集 > 대리점 모집

'대리점에 다니는 남자친구'라니? 좀 이상하지요? 아야가 말하는 대리점이란 '광고 대리점'입니다. 덴츠-(電通)나 하쿠호-도-(博報堂) 같은 글로벌 광고대행사에 다니는 남자친구를 원하는 거죠. '광고'는 코-코크(広告)라고 하는데요. '광고대행사 영업사원'을 코-코크만(広告マン)이라고 합니다. 덴츠-의 직원은 덴츠-만(電通マン)이죠. 조금 구체적으로 정리해보면 아야가 원하는 남자친구는 다음과 같습니다.

코-코크다이리텐노 카레시 広告代理店の彼氏
> 광고 대리점(에 다니는) 남자친구
코-코크만노 카레시 広告マンの彼氏 > 광고맨 남자친구

왜 광고대리점에서 일하는 남자친구를 원하는 걸까요? 높은 급여에 세련된 분위기로 일본에서 남녀 미팅 섭외 1순위였습니다. 인터넷에서 광고맨이 인기 있는 이유를 분석한 글이나 미팅에서 광고맨을 사로잡는 법도 볼 수 있지요.

오샤레나 칸지 おしゃれな感じ > 세련된 분위기
오샤레나 카레시 おしゃれな彼氏 > 세련된 남자친구
오샤레나 미세 おしゃれな店 > 멋진 분위기의 가게

°시고토

야리가이노 아르 시고토 やりがいのある仕事
> 보람 있는 일

시고토(仕事)는 '일'을 뜻합니다. 야리가이(やりがい)는 '보람'입니다. 아야의 이번 아이템은 '야리가이노 아르 시고토' 즉 보람 있는 일'이지요.

시고토와 도-데스까? 仕事はどうですか
> 일은 어때요?

쿄-와 시고토데스 今日は仕事です > 오늘은 일을 합니다

그녀는 고향인 아키타에서 대학을 졸업하고 꿈에 그리던 도쿄로 상경합니다. 첫 직장은 20대 여자들이 동경하는 곳 에비스. 그것도 어패럴 회사입니다.

아야는 거기서 멈추지 않습니다. 다시 커리어 업, 캬리아 앗프(キャリアアップ)를 위해 일터를 외국계 유명 브랜드로 옮깁니다. 그 이름만으로도 최고급을 상징하는, 명품 숍이 즐비한 긴자(銀座)에도 입성합니다. '브랜드'를 일본어로는 브란도(ブランド)라고 발음하는데요. '상표' 그 자체를 가리키기도 하지만 고급스러운 '명품'을 뜻하기도 합니다.

쵸-유-메-브란도 超有名ブランド > 초유명 브랜드
긴자노 브란도숏프 銀座のブランドショップ
> 긴자의 브랜드숍

소박한 행복은 고향에서도 얼마든지 누릴 수 있다며 남자
도, 직장도, 사는 곳도 바꾸기를 멈추지 않지요. 그녀는 과연
행복할까요?

° 롯폰기히르즈

구직을 위해 지친 몸을 이끌고 도쿄를 방황하던 아야. 그녀의
눈앞에 거대한 롯폰기히르즈(六本木ヒルズ·롯폰기힐스)가 나타
납니다. 긴 다리의 거대한 거미 조형물 마망(ママン)으로도 유
명한 곳이지요? 이곳에서 바라보는 도쿄타워도 놓쳐서는 안
됩니다. 롯폰기히르즈는 2000년 초 재개발 사업으로 완성된
주상복합단지인데요. 호텔, 방송국, 영화관 등이 한데 모여 있
고, 다양한 상점과 세계적 기업들도 입주해 있지요. 이곳의 상
징은 54층 높이의 모리타워. 꼭대기에는 도쿄를 한눈에 조망
할 수 있는 전망대와 미술관이 있습니다.

롯폰기히르즈 텐보-다이 토-쿄-시티뷰-
六本木ヒルズ展望台 東京シティビュー
> 롯폰기힐스 전망대 도쿄 시티뷰

꿈에 그리던 롯폰기히르즈. 아야는 이곳을 특정 계층이 모여 사는 통조림에 비유합니다.

세레브리티노 칸즈메 セレブリティの缶詰
> 셀러브리티의 통조림

세레브노 세카이 セレブの世界 > 셀러브리티의 세계

celebrity는 '유명인'을 뜻하는데요. 일본에서는 조금 다른 뉘앙스로도 사용합니다. 유명한지 그렇지 않은지를 떠나 '경제적으로 부유해 화려한 생활을 하는 사람'들을 일컫는 거죠. 줄여서 세레브(セレブ)라고 합니다. 칸즈메(缶詰)의 칸(缶)은 '깡통', 즈메(詰)는 '채워 넣음'이라는 뜻입니다. 롯폰기힐스를 유명인이나 돈 많은 사람들로 채워진 통조림이라고 표현한 거죠. 아야도 꿈에 그리던 칸즈메의 일원이 될 수 있을까요?

° **료코-**

주말을 활용해서 1박 2일 여행을 떠나는 사람들이 많아지고 있죠? 최근에는 이렇게 1박 2일 일본여행을 다녀오는 경우도 많아지고 있습니다.

잇파크후츠카노 하코네료코- 一泊二日の箱根旅行
> 1박 2일 하코네 여행

잇파크 후츠카(一泊二日)는 '1박 2일'입니다. 박을 셀 때는 泊를 쓰는데요. 몇 박이냐에 따라 발음은 달라집니다. 날짜를 셀 때는 츠이타치(一日), 후츠카(二日), 밋카(三日), 욧카(四日)… 라고 합니다.

니하크 밋카 二泊三日 > 2박 3일
산파크 욧카 三泊四日 > 3박 4일

쿄-와 츠이타치데스 今日は一日です
> 오늘은 1일입니다

료코-(旅行)는 '여행'입니다.

니혼료코- 日本旅行 > 일본여행
캉코크료코- 韓国旅行 > 한국여행
슈-마츠료코- 週末旅行 > 주말여행
잇파크후츠카노 슈-마츠료코- 一泊二日の週末旅行
> 1박 2일 주말여행

바쁜 도쿄인들의 1박 2일 주말여행. 역시 하코네가 1순위 입니다. 도쿄에서 열차로 넉넉잡고 두 시간이면 풍부한 자연 과 온천을 만끽할 수 있으니까요. 문화재로 지정된 유서 깊은 료칸도 많습니다. 료칸 객실에 있는 노천탕에 몸을 담그고 자

연의 소리를 듣고 있노라면 이게 신선놀음이구나 싶지요. 아
야의 리스트에 들어갈 만도 하지요?

드라마는 도쿄에서의 그녀의 삶을 보여줍니다. 아라사-와
아라호-여성들이 바라는 허세와 사치의 삶이 가감 없이 표현
되지요. 하지만 돌이켜 보면 아야에게는 도쿄도, 돈도, 성공도
부질없었습니다. 행복을 시아와세(幸せ)라고 하죠? 그녀가 인
생의 아이템이라고 생각했던 것들이 시아와세의 조건은 아니
라는 걸 그녀도 알게 됩니다. 도쿄생활 끝에 남은 건 허무와
고독뿐이지요.

시아와세노 죠-켄 幸せの条件 > 행복의 조건
치-사나 시아와세노 아리가타사 小さな幸せのありがたさ
> 작은 행복의 고마움

도쿄여자도감: 〈東京女子図鑑〉

〈도쿄여자도감〉은 잡지 〈도쿄 카렌다-(東京カレンダー)〉의 웹사이트에 연재된 소설을
드라마화해 2016년 아마존 프라임 비디오에서 방영했습니다. 지방인 아키타에서 꿈
에 그리던 도쿄로 상경한 주인공 사이토 아야. 그녀의 도쿄생활을 통해 도쿄의 솔로
여성들이 품고 있을 만한 욕망을 적나라하게 드러냅니다. 직업, 연애와 결혼, 사는
곳 등에 대한 여성들의 가치관을 아야의 개인적인 스토리를 통해 현실감 있게 풀어
냈습니다. 주인공뿐만 아니라 다양한 배역의 등장인물들이 카메라를 스치듯 도쿄의
삶을 이야기하는 독특한 형식도 흥미롭습니다. 또한 아야의 독백을 통해 긴자나 에
비스 등 이미 유명한 도쿄의 명소도 다른 각도에서 살펴볼 수 있고, 관광객들은 잘
모르는 매력적인 동네도 발견할 수 있습니다.

3. 하그시떼모 이이데스까?

안아도 될까요?

〈도망치는 건 부끄럽지만 도움이 된다〉

안고 싶어도 허락이 필요한 부부. 아내는 밥을 짓고 청소를 하는 대가로 남편에게 시급을 받습니다. 함께 사는 집은 직장이고, 함께 떠나는 여행은 사원여행이지요. 남편 히라마사는 고용주, 아내 미쿠리는 종업원입니다. 가사 노동력이 필요한 남자와 일자리를 원하는 여자의 계약결혼! 이런 관계가 과연 가능할까요?

미쿠리는 대학원까지 졸업했지만 슈-카츠(就活)에는 번번이 실패합니다. 취업을 위해 전형에 응시하는 활동을 슈-쇼크카츠도-(就職活動)라고 하는데요. 슈-쇼크(就職)는 '취직', 카츠도-(活動)는 '활동'이지요. 보통 줄여서 '슈-카츠'라고 합니다.

미쿠리는 눈높이를 확 낮춰보지만 계약사원으로 취업한 회사에서도 결국 계약만료로 쫓겨납니다. 무직이 된 거죠. '해고'는 목을 뜻하는 쿠비(首)를 씁니다. 좀 섬뜩하죠?

하켄가이샤 派遣会社 > 파견회사
케-야크 샤인 契約社員 > 계약사원
무쇼크 無職 > 무직

쿠비데스까? 首ですか? > 해고입니까?

미쿠리의 아버지는 미쿠리를 예전부터 알고 지내던 히라마사의 집에 가사도우미로 보내기로 합니다. 일주일에 세 시간씩 밥과 빨래, 청소를 해주고 시급 2000엔씩을 받으라는 거죠.

카지다이코- 家事代行 > 가사대행
마이슈- 킨요- 산지칸 毎週 金曜 3時間
> 매주 금요일 세 시간
지큐- 니센엔 時給2千円 > 시급 2000엔

미쿠리는 못 이기는 척 히라마사의 집으로 찾아갑니다. 시급을 받고 청소를 시작하는 미쿠리! 과연 꼼꼼한 독신남 히라마사의 가사 도우미로 채용될 수 있을까요?

사이요-시켄 採用試験 > 채용시험

°켓콘시마셍까?
미쿠리 부모의 엉뚱함은 거기서 끝이 아닙니다. 예전부터 시

골에 살고 싶었다며 갑자기 이사를 하기로 한 거죠. 히토리그라시(一人暮らし) 처지가 되고 만 미쿠리. 히토리(一人)는 '혼자'죠? 그라시(暮らし)는 '생활'이니까 '혼자 사는 것'을 말합니다. 하지만 미쿠리는 히토리그라시를 할 돈이 없습니다. 엉뚱한 건 그 부모에 그 딸! 아예 히라마사 집에서 지내면서 일을 하고 싶다고 말합니다. 자신을 고용하지 않겠느냐고, 아니 아예 결혼을 하자고 말해버립니다.

 야토이마셍까? 雇いませんか? > 고용하지 않겠습니까?

....

나라 잇소– 켓콘시마셍까? なら一層結婚しませんか?
> 그렇다면 아예 결혼하지 않을래요?

야토우(雇う)는 '고용하다'입니다. '고용합니다'는 야토우가 야토이(雇い)로 달라져 야토이마스(雇います)가 됩니다. '고용하겠습니까?'라고 묻고 싶으면 뒤에 까(か)만 붙여 야토이마스까(雇いますか)?라고 하면 되지요. 우리말의 의문문과도 비슷하죠? 미쿠리처럼 좀 더 강하게 표현하고 싶으면 마스까(ますか)를 마셍까(ませんか)로 바꾸면 됩니다.

켓콘시마셍까(結婚しませんか)?도 마찬가지입니다. 시마스(します)는 '합니다' 또는 '하겠습니다'로 해석합니다. 나라(な

ь)는 '그렇다면'입니다. 히라마사가 결혼도 하지 않은 젊은 미쿠리를 자신의 집에서 살게 하는 건 곤란하다고 하자 그렇다면 아예 결혼해버리자고 한 거죠.

켓콘시마스 結婚します > 결혼하겠습니다

켓콘시마스까? 結婚しますか? > 결혼하겠습니까?

켓콘시마셍까? 結婚しませんか? > 결혼하지 않겠습니까?

°오죠-상오 쿠다사이

두 사람은 어디까지나 계약결혼, 케-야크 켓콘(契約結婚)! 기간을 정해놓은 계약결혼이 아니라 급여를 주고받는, 즉 고용주와 종업원 사이에 계약만 존재하는 위장결혼에 가깝습니다. 함께 살지만 부부는 아닌 거죠. 하지만 주위 사람들에게 그렇게 말할 수는 없는 노릇! 일단 미쿠리의 부모님이 문제입니다. 딱히 방법이 있나요? 정공법을 택할 수밖에요.

오죠-상오 보쿠니 쿠다사이 お嬢さんを僕にください
> 따님을 저에게 주세요

오죠상(お嬢さん)은 '따님'으로 해석하면 됩니다. '딸'을 뜻하는 말로는 무스메(娘)도 있는데요. 다른 사람의 딸을 정중하게 표현할 때는 오죠-상이라고 합니다. '아가씨'나 '따님'이 되겠죠? 경우에 따라서는 고생을 모르고 귀하게 자란 여자라는 뉘앙스가 들어 있기도 합니다. 상(さん) 대신 사마(さま)를 붙이면 더 정중한 표현이 됩니다. 영화 〈아가씨〉에서 하녀가 아가씨에게 오죠-사마(お嬢さま)라고 부르는 것처럼 주인의 딸을 부르는 호칭으로도 씁니다. 보쿠(僕)는 '저', 쿠다사이(ください)는 '주세요'입니다.

즉 '따님을 저에게 주십시오'인데요. 한국에서도 종종 들을 수 있는 표현이지요?

° 마즈와 하그카라!

고용관계가 전부인 부부! 어색하지 않을 리 없죠? 미쿠리의 말을 빌려볼까요?

후-후데모 코이비토데모, 토모다치데모 나이 칸케-
夫婦でも恋人でも友だちでもない関係
> 부부도 연인도 친구도 아닌 관계

후-후(夫婦)는 '부부'입니다. 코이(恋)는 '사랑', 히토(人)는 '사람'인데요. 두 단어를 합친 코이비토(恋人)는 사랑하는 사람, 즉 '애인'입니다. 함께 살지만 부부도, 애인도, 친구도 아닌

관계라는 미쿠리. 급기야 히라마사는 둘의 관계를 눈치챈 이 케멘 동료의 집에 미쿠리를 가사 대행으로 보내게 됩니다. 물 건도 아니고 share, 셰아-(シェアー)라니…. 미쿠리는 기분이 나쁘지만 히라마사에 대한 서운함이 더 큽니다. 계속해서 이 런저런 의심을 사게 되는 둘은 결국 연인, 코이비토가 되기로 합의합니다. 다행히 한 걸음 나아가게 된 거죠. 식사를 하다 말고 미쿠리가 외친 말은,

마즈와 하그카라! まずはハグから! > 일단 포옹부터!

마즈(まず)는 '우선'입니다. 하그(ハグ)는 '포옹'을 뜻하는 hug의 일본어입니다. 카라(から)는 '~부터'라는 뜻이죠? 우선 포옹부터 해보자는 건데요. 35년 동안 엄마 빼고는 아무도 안 아본 적이 없다는 히라마사. '손부터 잡는 게 더 낫지 않을 까…?' 이런 생각이 스치지만 악수는 아니라는 미쿠리의 말에 허그를 선택합니다.

아크슈시마쇼- 握手しましょう > 악수합시다

아크슈데와아리마셍 握手ではありません
> 악수를 하자는 게 아닙니다

미쿠리는 허그가 훌륭한 인사법이라며 히라마사를 설득합니다. 하지만 연애 경험이 전무한 숙맥 히라마사에게는 그것도 쉬운 일이 아니죠. 그래서 두 사람이 도입한 게 하그노 히(ハグの日)! '허그의 날'입니다. 히(日)는 '날'을 의미합니다.

코도모노 히 子供の日 > 어린이날
타이이크노 히 体育の日 > 체육의 날

두 사람이 정한 허그의 날은 '매주 화요일', 마이슈-카요-(每週火曜)입니다. 요일을 말할 때는 비(日)를 붙여도 되고 생략해도 됩니다.

게츠요-비 月曜日 > 월요일
카요-비 火曜日 > 화요일
스이요-비 水曜日 > 수요일
모크요-비 木曜日 > 목요일
킨요-비 金曜日 > 금요일
도요-비 土曜日 > 토요일
니치요-비 日曜日 > 일요일

°아나타노 미카타

둘 사이를 걱정하는 가족에게만큼은 솔직히 말하자는 미쿠리. 하지만 히라마사는 생각이 다릅니다. 죄책감을 나눠 주는 것밖에 되지 않는다며 둘이서 짊어지고 가야만 한다는 거죠. 지금까지는 따로따로였지만 이제부터는 하나라는 듯, 둘을 한데 묶어 보쿠타치(僕たち)라고 표현합니다. 보쿠(僕)는 남자가 자신을 가리킬 때 쓰는 말이지요. 타치(たち)는 사람을 가리키는 말에 붙어서 복수를 나타냅니다. 보쿠타치(僕たち)는 우리이지요.

아나타타치 あなたたち > 너희
코도모타치 子供たち > 아이들
오토코타치 男たち > 남자들

미쿠리도 그에 화답하는 듯 되묻습니다.

와타시타치데? 私たちで? > 우리끼리?

하이, 보쿠타치 후타리데 はい、僕たち二人で
> 네, 우리 둘이서

화요일도 아닌데 허그를 해버리는 두 사람. 둘의 관계는 한 발 더 전진합니다. 들뜬 미쿠리는 말해버리지요. 무슨 일이 있으면 히라마사의 편이 되겠다고.

와타시와 히라마사상노 미카타데스
私はひらまささんの味方です
> 저는 히라마사상 편이에요

　미카타(味方)는 '자기 편'이라는 뜻입니다. 카타(方)는 방향을 말할 때 사용하는데요. 미기노 카타(右の方)는 '오른쪽', 히다리노 카타(左の方)는 '왼쪽'입니다. 그럼 앞의 미(味)는 뭘까요? '미'는 미쇼크카(味食家 · 미식가), 미카크(味覚 · 미각)처럼 '맛'을 뜻하는데요. '일왕'을 뜻하는 한자 御도 '미'로 발음합니다. 과거에는 미카타에 미(味)가 아닌 미(御)를 썼다고 합니다. '일왕의 편'이라는 뜻이었다는 거죠. 일본왕실의 적이 모두의 적이었던 시절의 이야기입니다. 그런데 시간이 흐를수록 왕실의 적이 모두의 적이라는 도식은 성립하지 않게 됐습니다. 자연스럽게 미카타에도 일왕을 뜻하는 미(御)를 쓰지 않게 됐고, 발음이 같을 뿐인 미(味)를 쓰게 된 거죠.

아나타노 미카타 あなたの味方 > 너의 편

....

와타시와 아나타노 미카타다요 私はあなたの味方だよ
> 나는 너의 편이야

° 오하요-노 츄-

히라마사는 미쿠리에게 프러포즈를 하고, 집안일만 해오던 미
쿠리도 바깥에서 일을 찾습니다. 고용관계에서 시작해 조금씩
사랑을 키워가는 두 사람. 서로를 바라보는 눈빛은 달라졌지만
결혼은 현실! 가사를 분담하고, 서로에게 조금씩 맞춰갑니다.

라이후스타이르 ライフスタイル > 라이프스타일

코이비토츠나기(恋人繋ぎ)를 하고 쇼파에 나란히 앉은 두
사람. '손을 잡는다'고 할 때는 테오 츠나그(手を繋ぐ)라고 하
는데요. '코이비토츠나기'란 연인 간에 손가락을 교차해서 손
을 잡는 것을 말합니다. 둘은 언제부턴가 사라져버린 허그의
날도 부활시키기로 하지요. 그리고 서로에게 한 가지씩 제안
을 합니다. 미쿠리의 제안은 매일 밤까지는 아니더라도 자기
전에는 허그를 해달라는 겁니다.

네르 마에니 하그오 시떼쿠다사이
寝る前にハグをしてください
> 자기 전에 안아주세요

히라마사의 대답은 '웨르카무데스(ウェルカムです · welcome
입니다)!' 신이 난 히라마사가 더블베드를 놓을 수 있는 집으로

이사하자고 제안하는데요. 미쿠리는 숙면을 위해서는 따로 자는 게 좋다고 거절합니다. 대신 아침마다 깨우러 가겠다고 하지요. 질 수 없다는 히라마사! 부끄러운 얼굴로 되묻습니다.

오하요-노 츄-와? おはようのチュウは?
> 아침 입맞춤은?

츄-(チュウ)는 '입맞춤'을 귀엽게 나타내는 표현입니다. 귀여운 아이, 또는 연인에게 자주 하는 말이지요.

츄-시떼! チュウして! > 뽀뽀해!

도망치는 건 부끄럽지만 도움이 된다: 〈逃げるは恥だが役に立つ〉
우미노 츠나미의 동명 만화를 드라마화. 2016년 TBS에서 방영해 시청률 20%를 넘나드는 뜨거운 사랑을 받았습니다. 철저하게 고용관계로 시작한 두 주인공이 집이라는 공간을 나누며 점차 가까워지는데요. 취업난과 전업주부의 가사노동 등 현실적인 사회문제를 계약결혼이라는 틀 안에서 유쾌하게 풀어냈습니다. 인기 여배우 아라가키 유이와 옆집 남자 같은 친근한 외모의 남자 주인공 호시노 겐이 환상의 케미를 선보였고, 호시노 겐이 직접 부른 엔딩 주제곡 〈코이〉도 코이 댄스 열풍을 일으키며 큰 인기를 끌었습니다.

4. 안타니와 젯타이 무리

너한테는 절대 무리

〈카모, 교토에 가다〉

명문 도쿄대 출신의 재무성 커리어 우먼 우에바 카모. 그녀의 어머니는 교토에 위치한 전통 료칸 '우에바야'의 여주인, 오카미(女将)입니다. 어느 날, 어머니가 갑작스럽게 세상을 떠나면서 카모가 료칸을 이어받게 되는데요. 교토도, 료칸도, 관습도 잘 모르고 살아온 오죠-상(お嬢さん) 카모가 하루아침에 료칸 여주인이 되는 건 결코 쉬운 일이 아니겠지요. 카모의 머릿속에서는 10년 전 어머니의 말이 떠나질 않습니다.

 안타니와 젯타이 무리 あんたには絶対無理
> 너한테는 절대로 무리

안타(あんた)는 '너'를 뜻하는 아나타(あなた)의 줄임말입니다. 젯타이(絶対)는 '절대'입니다.

젯타이 다메! 絶対だめ! > 절대 안 돼!

료칸을 물려받기 싫다는 딸의 말에 어머니는 이렇게 직설적으로 말했던 겁니다. 도쿄를 좋아하는 현대적인 딸 카모가 유서 깊은 교토의 료칸을 운영하는 게 정말로 무리라고 생각했던 걸까요?

대대로 이어져온 '전통 있는 가게'를 시니세(老舗)라고 합니다. 교토는 이런 시니세가 즐비한 지역이지요. 우에바야 역시 시니세 료칸(老舗旅館)입니다. 어머니가 남긴 빚은 3억 엔이나 되지만요. 카모는 시니세 료칸 우에바야의 리뉴얼에 착수합니다. 자신이 주인이 되기로 마음먹은 거죠.

 리뉴-아르 リニューアル > 리뉴얼
오-나- オーナー > 오너

20대 커리어 우먼의 200년 료칸 바꾸기! 전통을 무시한, 너무나도 파격적인 계획에 종업원들 모두 료칸을 떠나기로 결심하는데요. 그녀의 고군분투를 보고 있으면 일본의 전통 료칸이 어떤 곳인지 자연스럽게 알 수 있습니다. 카모의 우에바야 료칸 리뉴얼, 잘될 수 있을까요?

˚ 키모노

후쿠오 키르 服を着る > 옷을 입다

'일본의 전통의상'인 키모노(着物). 여기서 키(着)는 '입다'라는 동사 키르(着る)에서 왔습니다. 풀이대로라면 키모노는 입는 물건, 옷을 뜻합니다. 그런데 일반적으로 옷을 말할 때는 위 예문처럼 주로 후쿠(服)를 사용하지요.

키모노와 헷갈리는 게 유카타(浴衣)라는 옷인데요. 일본여행을 가서 키모노는 못 입어봐도 유카타는 어렵지 않게 입어볼 수 있습니다. 호텔이나 료칸에 구비돼 있으니까요. 온천이 있는 마을에 가면 유카타를 입고 돌아다니는 사람들을 심심치 않게 볼 수 있지요? 유카타는 한자 그대로 '욕의', 즉 목욕할 때 입는 옷을 말합니다.

우에바야의 종업원들은 일할 때 의상도 료칸의 격에 맞게 좋은 소재로 만든 키모노를 입었습니다. 카모는 종업원들의 키모노를 비단에서 화학섬유로 바꾸겠다고 선언합니다. 세탁비를 줄여보겠다는 거죠.

크리-닝그 クリーニング > 세탁(cleaning)
크리-닝그다이 クリーニング代 > 세탁비

다이(代)는 비용을 뜻합니다.

타크시-다이 タクシー代 > 택시요금
바스다이 バス代 > 버스요금

종업원들은 나카이(仲居)들이 입는 키모노도 우에바야의 명물이라고 항의를 해보지만 통할 리 없습니다. 나카이는 '료칸의 여자 종업원'을 말합니다. 명물은 메-부츠(名物)라고 합니다.

쿄-토노 메-부츠 京都の名物 > 교토의 명물

코노 마치노 메-부츠와 난데스까? この町の名物は何ですか?
> 이 마을의 명물은 뭔가요?

° **하나**

하나(花)는 꽃입니다.

하나미 花見 > 꽃구경
하나비 花火 > 불꽃

'꽃꽂이'를 말할 때에는 하나의 발음이 '바나'로 변해 이케바나(生け花)라고 합니다. 이케바나는 단순한 꽃꽂이라기보다는 꽃을 다른 재료들과 함께 장식해 감상하는 일본의 전통예

술을 말하지요.

료칸에 가면 벽에 걸린 족자와 함께 아름다운 이케바나를 볼 수 있는데요. 절제와 여백의 미가 이케바나의 특징입니다. 이케바나는 카도-(花道)라고도 합니다. 차를 끓이거나 마실 때 예법은 챠도-(茶道)라고 하지요.

우에바야에서는 이케바나에 매일 생화를 사용해 왔는데요. 그 비용이 일주일에 4만 5000엔. 1년에 200만 엔이 넘습니다. 카모는 비용을 절감하기 위해 조화를 사용하겠다고 발표합니다. 생화는 세-카(生花) 또는 이케바나, 조화는 조-카(造花)라고 합니다. 료칸의 품격을 결정짓는 이케바나에 조화라니… 나카이들의 반응은? 헤에(へえ)???

° 코-

수백 년 전통의 료칸, 그에 어울리는 향이 필요하겠지요? '향'은 코-(香)라고 합니다. '향수'는 코-스이(香水)라고 하지요. 같은 한자를 쓴 카오리(香り)는 좋은 냄새, '향기'를 뜻합니다.

이- 카오리! いい香り! > 좋은 향기!
카노죠노 카오리 彼女の香り > 그녀의 향기

쓰레기 같은 불쾌한 냄새를 말할 때 카오리를 쓰지는 않습

니다. '냄새'라는 뜻으로 쓰는 니오이(匂い·臭い)가 있는데요. 니오이는 사전적인 의미로는 좋은 냄새나 좋지 않은 냄새를 모두 뜻합니다. 匂い와 臭い 모두 '니오이'로 읽습니다.

 한자이노 니오이 犯罪の臭い > 범죄의 냄새

냄새를 뜻하는 표현이 하나가 더 있습니다. 슬슬 헷갈리지요? 쿠사이(臭い)라고 하는데요. 불쾌한 냄새, 기분 나쁜 '악취'를 말할 때 사용합니다. 일반적으로 좋지 않은 냄새라는 인식이 있어도 불쾌함을 느끼지 않는 경우에는 니오이라고 말하기도 합니다.

 아세쿠사이 汗臭い > 땀 냄새
닌니크노 니오이 ニンニクの臭い > 마늘 냄새

우에바야에서는 그동안 한 달에 5만 엔이 넘는 비용을 지불하며 고급 향을 사용해왔는데요. 카모가 나카이들 앞에 내놓은 건 다름 아닌 방향제입니다.

 호-코-자이 芳香剤 > 방향제
에-요-자이 栄養剤 > 영양제
야크자이시 薬剤師 > 약사

카모는 방향제를 치익 뿌리더니 한 달에 298엔밖에 들지 않는다고 말합니다. 물론 나카이들은 입과 코를 막고 인상을 찌푸립니다.

° 오후로

료칸에서 절대로 빼먹을 수 없는 것! 바로 목욕이지요? '목욕'은 후로(風呂)라고 합니다.

료칸에 가면 나카이가 식사를 먼저 할 건지 목욕을 먼저 할 건지를 묻는데요. 정중하게 말해야 하는 손님에게는 앞에 오(お)를 붙여서 말해야겠죠?

쇼크지 食事 > 식사
오후로 お風呂 > 목욕
쇼크지오 스르 食事をする > 식사를 하다
오후로니 하이르 お風呂に入る > 목욕을 하다

'식사를 하다'는 '~을 하다'는 뜻의 동사 스르(する)를 써서 쇼크지오 스르(食事をする)라고 하는데요. 왜 '목욕을 하다'는 스르가 아닌 '들어가다'는 뜻의 하이르(入る)를 쓸까요? 후로가 원래 몸을 씻는 '욕조'를 뜻하기 때문입니다.

자, 이제 나카이에게 말해볼까요?

사키니 쇼크지오 시마스 先に食事をします
> 먼저 식사를 하겠습니다

사키니 오후로니 하이리마스 先にお風呂に入ります
> 먼저 목욕을 하겠습니다

료칸을 찾은 손님들에게 오후로는 가장 중요한 공간이지요. 그래서 우에바야에서는 오후로를 청소할 때도 장인의 손을 빌립니다. 오후로를 씻는 일을 하는 곳을 아라이야(洗い屋)라고 하는데요. '씻음', '세탁'을 뜻하는 아라이(洗い)에 야(屋)를 붙인 겁니다. '장인'은 쇼크닌(職人), 후로아라이노 쇼크닌(風呂洗いの職人)은 '욕조 청소의 장인'을 말합니다.

카모는 오후로 정도는 스스로 청소하자며 아라이야와 거래를 끊어버립니다. 하지만 얼마 안 있어 진땀을 흘리며 아라이야에 다시 청소를 부탁하게 되지요.

°츄-보-

오후로 다음은 식사! 뜨거운 온천에 몸을 담근 뒤 편안한 유카타를 입고 방에서 즐기는 저녁식사는 료칸여행의 백미이지요. 료칸에서는 보통 카이세키 요리를 먹게 되는데요. 카이세키에서 카이(会)는 모임을 뜻합니다.

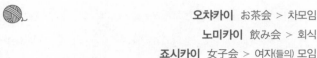

오챠카이 お茶会 > 차모임
노미카이 飲み会 > 회식
죠시카이 女子会 > 여자(들의) 모임

세키(席)는 좌석이지요. 따라서 카이세키는 연회의 좌석을 뜻하는 말입니다. 카이세키료-리(会席料理)는 이런 자리에서 '술과 함께 나오는 코스요리'라는 뜻을 담고 있습니다. 고급 료칸일수록 요리의 모양도 종류도 맛도 풍부하지요. 료칸에서 요리를 하는 곳을 '츄-보-(厨房)'라고 합니다. 주방이지요.

카모는 주방 서비스를 확대하겠다고 선언합니다. 메뉴에 카레나 샌드위치를 추가해 24시간 내내 주문도 가능하도록 하고, 룸서비스까지 도입하겠다는 겁니다.

사-비스 サービス > 서비스
루-므사-비스 ルームサービス > 룸서비스
니쥬-요지칸 츄-몬 카노- 24時間注文可能
> 24시간 주문 가능

카모가 새롭게 만든 메뉴를 보여주자 요리사들의 반응은?

화미레스데스요! ファミレスですよ!
> 패밀리레스토랑인데요!

363

family restaurant을 화미리-레스토랑(ファミリーレストラ
ン)라고 하는데요. 줄여서 화미레스(ファミレス)라고 합니다.
200년 역사의 고급 료칸에 화미레스 메뉴라니! 자존심이 상
할 만도 하지요?

카모, 교토에 가다. 노포 료칸의 여주인 일기: 〈鴨、京都へ行く。-老舗旅館の女将日記-〉

도쿄대를 졸업한 재무성의 커리어 관료 우에바 카모가 교토 료칸의 여주인으로 변
신하는 과정을 다룬 드라마로 2013년 후지테레비에서 방영됐습니다. 교토를 싫어하
는 카모가 직접 료칸을 운영하며 전통의 소중함을 깨닫고 성장해가는 모습을 그렸
습니다. 모든 장면을 교토에서 촬영한 교토 올로케에 주요 무대는 료칸. 또 그곳에서
일하는 종업원들의 이야기가 담겨 있어 료칸이 어떤 식으로 운영되는지 엿볼 수 있
습니다. 여주인공의 극중 이름이기도 한 교토의 카모 강을 비롯, 소소한 풍경도 등장
해 교토여행을 떠나기 전에 봐두면 좋은 드라마입니다.

5. 지지츠와 히토츠다케

진실은 하나뿐

〈99.9 형사전문변호사〉

범죄행위를 밝혀내고 그에 따른 형벌을 부과하는 재판을 형사재판이라고 합니다. 일본에서 형사재판이 열리면 유죄판결을 받는 경우가 대부분이지요. 유죄판결이 나올 확률은 무려 99.9%! 전부라고 해도 무리가 아니죠? 검찰의 기소가 사실상 유죄로 확정이 되는 겁니다. 바꿔 말하면 나머지 0.1%는 죄가 없는 사람이겠죠?

99.9% vs 0.1%. 0.1%의 가능성을 찾는 변호사들의 이야기가 드라마로 만들어졌습니다.

 케-지센몬벵고시 刑事專門弁護士 > 형사전문변호사

형사사건 변호를 전담하는 변호사들을 이렇게 부르는데요. 신고를 받고 사건 현장에 출동하는 케-지(刑事)! 수사물 일드에도 빼놓지 않고 등장하지요? 케-지는 '형사'입니다. 형법의

적용을 받는 사건도 케-지라고 하지요. 개인 간 사적인 법률
관계에서 일어나는 '민사'는 민지(民事)입니다. '형사재판'은
케-지사이반(刑事裁判), '민사재판'은 민지사이반(民事裁判)이
라고 합니다.

이 드라마에서는 꼭 형사사건이 벌어집니다. 살인, 강도, 폭
행 같은 사건들이지요. 그 현장을 변호사들이 직접 찾아다닙
니다. 그 때문에 범죄현장도, 검찰 수사도, 변호사들이 활약하
는 법정도 들여다볼 수 있는 내용이지요. 사건과 수사, 재판,
뉴스에서 자주 쓰는 일본어가 반복되면서 자연스럽게 귀에
들어옵니다.

° **한닌**

형사전문변호사들의 활약으로 왜곡된 사실이 바로잡히고 범
인이 밝혀집니다. 정확히는 진범이지요.

한닌 犯人 > 범인
신한닌 真犯人 > 진범
도-이츠한 同一犯 > 동일범
한자이 犯罪 > 범죄
한자이샤 犯罪者 > 범죄자

고등학생 탐정이 뛰어난 추리력으로 사건을 해결하는 드라

마 〈소년탐정 김전일〉. 일본어로는 〈킨다이치 쇼넨노 지켄보(金田一少年の事件簿 · 김전일 소년의 사건부)〉라고 하는데요, 여기에 나오는 유명한 대사가 있습니다. 수사물 일드에 나오는 단골 대사이지요.

 한닌와 코노 나카니 이르 犯人はこの中にいる
> 범인은 이 중에 있다

아직 범인은 아닌데 의심을 받는 사람, '용의자'는 요-기샤(容疑者)입니다. 추리소설의 거장 히가시노 게이고의 작품 중에 『요-기샤 엣크스노 켄신(容疑者Xの献身)』이 있지요. 우리말 제목도 그대로 '용의자 X의 헌신'입니다.

형사전문변호사들은 억울한 사람의 무죄를 입증해 누명을 벗기기도 합니다. '무죄'는 무자이(無罪)라고 하는데 무지츠(無実)라는 표현도 비슷한 상황에서 자주 등장합니다. '사실'은 지지츠(事実)라고 하지요? 무지츠는 한자 그대로 없는 사실, 즉 '결백'이나 '억울함'이라는 뜻입니다. 주로 억울함을 호소할 때 쓰는 표현이지요.

드라마에서도 누명을 쓴 의뢰인들이 벵고시, 즉 변호사에게 이렇게 외칩니다.

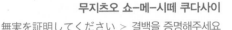
켄사츠

변호사들의 상대는 사건을 수사하고 기소하는 검찰! 거의 100%의 유죄율을 자랑하는 게 일본의 검찰인데요. 실제로 도쿄지검특수부는 그 이름만으로도 살아 있는 권력을 벌벌 떨게 하기로 유명합니다. 특수는 토크소-(特捜)라고 하는데요. '특별수사'를 뜻하는 토크베츠소-사(特別捜査)의 줄임말입니다.

하지만 이 드라마에서만큼은 변호사들을 당해내지 못합니다. 기소한 피의자가 무죄가 되거나 엉뚱한 사람을 범인으로 몰아갔다가 변호사들에게 번번이 치욕스러운 패배를 맛봅니다. '검찰'은 켄사츠(検察), '검사'는 켄지(検事)라고 합니다. 경찰 관련 일본어와 비교해보면 쉽게 익힐 수 있습니다.

켄사츠또 케-사츠 検察と警察 > 검찰과 경찰
켄지또 케-지 検事と刑事 > 검사와 형사
켄사츠쵸-또 케-사츠쵸- 検察庁と警察庁 > 검찰청과 경찰청
토-쿄-치켄 토크소-부 東京地検特捜部 > 도쿄지검특수부
소-사시떼 키소스르 켄사츠 捜査して起訴する検察
> 수사해서 기소하는 검찰

변호사들이 속해 있는 회사를 로펌이라고 하죠? 로펌은 법

률사무소라고도 합니다.

호-리츠지무쇼 法律事務所 > 법률사무소

법률서비스는 일본어로 리-가르 사-비스(リーガルサービス · legal service)라고 하는데요. 소송에서 한 번도 져본 적이 없는 변호사를 다룬 드라마 〈리-가르 하이(リーガルハイ)〉도 많은 인기를 끌었지요. 이 드라마는 우리나라에 '리갈 하이'로 잘 알려져 있습니다.

드라마에 등장하는 거대 로펌인 마다라메 법률사무소는 형사전문팀을 새롭게 설치합니다. 팀의 정식 명칭은 케-지센몬 루-므(刑事專門ルーム · 형사전문룸). 0.1%에 감춰진 진실을 찾아내는 형사전문변호사들이 모인 곳이지요. 마다라메 법률사무소의 마다라메 소장은 변호사 미야마 히로토를 스카우트합니다.

° **지켄겐바**
어디에도 소속되지 않은 채 오로지 한 명의 법률사무 보조원과 함께 승소를 이끌어온 미야마는 소장이 제시한 조건을 수락해 팀에 합류합니다.

셋켄 잇떼키마스! 接見行ってきます!
> 접견 다녀오겠습니다!

변호 의뢰가 들어오면 미야마는 일단 이 한마디를 외치고 뛰쳐나갑니다. 구속돼 있는 의뢰인을 접견하러 가는 겁니다. 의뢰인의 이야기를 자세히 듣고 난 뒤에는 사건현장을 찾습니다. 그런 뒤에 검증을 하지요.

지켄겐바 事件現場 > 사건현장
지코겐바 事故現場 > 사고현장
켄쇼- 検証 > 검증
릿쇼- 立証 > 입증
쇼-메- 証明 > 증명

의뢰인이 범행을 저지를 만한 동기가 있었다거나 자백을 했다고 해도 미야마는 개의치 않습니다. 현장과 목격자, 증언을 직접 보고 직접 들어서 무슨 일이 있었는지 밝혀낼 뿐입니다. 현장의 방범카메라도 늘 훌륭한 목격자입니다.

켓테-테키나 쇼-코 決定的な証拠 > 결정적 증거
쇼-코후쥬-분 証拠不十分 > 증거 불충분
모크게키 쇼-겐 目撃証言 > 목격 증언
보-한카메라노 카크도또 이치 防犯カメラの角度と位置
> 방범카메라의 각도와 위치

도―키와 앗따 動機はあった > 동기는 있었다

앞뒤 안 보고 사실만을 좇는 미야마. 팀을 이끄는 리더 사다 아츠히로와 항상 부딪힙니다. 검사 출신인 사다는 유능한 기업 담당 변호사였지만 소장의 지시로 어쩔 수 없이 형사전문변호사로 일하게 됐는데요. 돈이 되지 않는 형사사건 변호에는 별 관심이 없습니다. 변호사로서 가치관도 미야마와는 다르지요. 사실보다는 의뢰인의 이익이 우선이라고 늘 강조합니다.

 이라이닌노 리에키 依頼人の利益 > 의뢰인의 이익
벵고시와 이라이닌노 다이리닌 弁護士は依頼人の代理人
> 변호사는 의뢰인의 대리인

변호사들은 티격태격하면서도 힘을 합쳐 사실을 찾아 나섭니다. 미야마가 말하는 진짜 사실을요. 그들에게 무죄인지 유죄인지는 중요하지 않습니다. 미야마도 사다도 한목소리로 외치게 됩니다.

 유―자이까 무자이까와 칸케―나이 有罪か無罪かは関係ない
> 유죄인지 무죄인지는 상관없다

100명이 있으면 100개의 진실이 있지만 그들에게 이제 사

실은 하나뿐입니다.

혼토-노 지지츠 本当の事実 > 진짜 사실
오콧따 지지츠와 히토츠다케 起った事実は一つだけ
> 발생한 사실은 하나뿐

99.9 형사전문변호사: 〈99.9 −刑事專門弁護士−〉

2016년 4월 TBS에서 시즌 1이, 2018년 1월에 시즌 2가 방영된 법률드라마로 20%에 가까운 시청률을 기록하며 화제가 됐습니다. 검찰이 일단 기소하면 99.9%가 유죄 확정. 세계 최고의 유죄율을 자랑하는 일본에서 무죄가 될 0.1%의 가능성을 파헤치는 형사전문변호사들의 이야기를 다룬 드라마입니다. 사건현장부터 법정까지 뛰어다니는 변호사들의 활약상을 다룬 소재도 흥미로울 뿐만 아니라 막강한 권력의 검찰을 견제하기 어렵고 형사사건을 전문으로 다루는 변호사도 적다는, 일본사법 현실의 이면을 꼬집는 내용이기도 합니다. 일본의 인기 아이돌 아라시의 멤버 마츠모토 준과 연기파 배우 카가와 테루유키가 짝을 이뤄 어려운 사건을 해결해나갑니다.

언제 어디서든 일본어와 만나는 방법

언어는 환경이 중요하다는 말들 많이 하지요? 시험은 잘 보면서 정작 대화는 하나도 못 하는 사람이 안 되려면 새겨들어야 할 말입니다. 좋은 환경이란 원어민과 대화하는 기회를 자주 갖는 것을 말할 텐데요. 쌍방향으로 이뤄지는 대화까지는 아니더라도 언제 어디서든지 일본어와 마주치는 건 충분히 가능합니다. 스마트폰만 잘 활용해도 우리는 일본어에 수시로 강제 노출될 수 있지요. 언제, 어디서든 일본어와 항상 함께할 수 있는 몇 가지 팁을 알려드릴게요.

1. 어플 활용하기

제 스마트폰 버튼을 누르면 화면에 가장 먼저 나타나는 건 일본어 단어입니다. 잠금을 해제하지 않은 상태에서도 다음 버튼을 눌러가며 다른 단어들을 볼 수 있지요. 방금 화면에 나타난 표현은 잇파츠갸그(一発ギャグ)입니다. '한방 개그'라는 뜻이지요. 이런 조합으로 오야지갸그(オヤジギャグ)라는 표현도 있지요. 한국에서는 '아재 개그'라고 하지요? 몇 단어를 넘기다 보니 이번에는 옷스(おっす)라는 표현이 눈에 띕니다. 아침인사인 오하요-고자이마스(おはようございます)에서 맨 앞글자 오(お)와 뒷글자 스(す)를 따로 떼서 만든 표현이죠. 한동안 잊어버리고 있었는데 대학원 시절 기숙사에서 친구들을 만나면 "옷스! 옷스!"라고 했던 순간이 떠오르네요.

스마트폰을 켜자마자 일본어 단어를 볼 수 있게 해주는 어플인데요. 필수기초와 JPT, JLPT의 각 수준에 해당하는 단어들을 비롯해 신조어, 의성어, 의태어, 현지인 표현, 연애용 회화 등 다양한 카테고리의 표현들을 볼 수 있습니다. 지금은 현지인들과 대화를 할 기회가 많이 부족하다 보니 현지인들이 잘 쓰는 표현이나 신조어가 나오도록 해뒀습니다. 아무 생각 없이 SNS나 뒤적거리려고 스마트폰을 켰다가 잠깐이라도 일본어를 만나게 되는 거죠.

2. SNS 활용
스마트폰이 늘 곁에 있다 보니 SNS의 유혹을 참기가 참 어렵습니다. 그래서 저는 또 꽤 많은 장치를 해뒀습니다. 제 인스타그램을 살짝 보여드릴까요? 방금 올라온 내용을 그대로 옮겨보겠습니다.

心、動いているか? 心、動かされているか?

읽고 해석하면 다음과 같습니다.

코코로, 우고이떼이르까? > 마음, 움직이고 있는가?

코코로, 우고카사레떼이르까? > 마음, (다른 힘에 의해) 움직여지고 있는가?

간결하면서도 멋진 일본어 문구를 올려주는 계정(@exstudioex)입니다. '혼잣말'을 뜻하는 히토리고토(ひとりごと), 진세-(人生 · 인생), 메-겐(名言 · 명언) 등의 해시태그가 달려 있네요.

물론 일본어 학습자들을 위한 계정도 다양하게 팔로잉을 해뒀습니다. 포스팅이 끊기거나 오래된 계정도 있지만 단어와 발음, 예문 등을 보기 좋게 정리해서 꾸준히 올려주는 분들도 있습니다. 인스타그램의 일본어 포스팅은 아무래도 초보자들에게 유용한 내용이 많습니다.

단어 하나만 보면 조금 막연하지요? 단어의 쓰임새를 살펴보기에는 트위터가 좋습니다. 실제로 현지인들이 이런 표현을 정말로 잘 쓰는 건지, 어떤 경우에 사용하는 건지, 또 인터넷 표현을 살펴보기에도 트위터만한 게 없지요. 단, 문법을 어기거나 정확하지 않게 쓰는 경우도 많으니 되도록 다양한 예문을 찾아서 비교해보는 게 좋습니다.

전철이나 버스, 비행기, 백화점 등에서 나오는 다양한 안내방송을 정확히 들어보고 싶으세요? 이럴 땐 유튜브가 유용합니다. 특이한 취미를 가진 오타쿠들로부터 생각지도 못했던 정보를 얻을 수도 있습니다. 각 역마다 흘러나오는 멜로디가 어떻게 다른지까지 분석해줄 테니까요.

3. 뉴스 활용

제가 일본어를 처음 공부할 때 가장 도움이 됐던 건 뉴스였습니다. 일단 일본어를 시작하는 초급 단계에서 익히는 어휘들과 뉴스에서 나오는 어휘들이 어느 정도 일치합니다. 뉴스는 텔레비전이나 컴퓨터, 스마트폰 등을 통해 마음만 먹으면 접할 수도 있습니다. NHK 홈페이지에서 관심 있는 기사를 직접 찾아봐도 좋고 뉴스를 들려주거나 보여주는 어플도 다양하지요.

저는 그중에서도 사건사고 소식을 전하는 뉴스가 가장 먼저 귀에 들어왔는데요. 평소에 수사물 일드를 많이 봤기 때문입니다. 드라마와 뉴스 영상, 기사 텍스트를 병행해서 접하다 보면 그 효과는 배가 됩니다. 검찰, 경찰, 수사, 피해자, 용의자 같은 사건사고 기사에서 등장하는 어휘들을 다양한 채널로 접하다 보니 쉽게 외워지는 거지요. 또한 일본뉴스에서 기사를 쓰는 방식이 한국과 거의 비슷해서 어휘와 맥락을 조금만 알면 모르는 어휘나 표현도 유추가 가능합니다. 기사에 등장하는 다음과 같은 표현들도 일본과 한국이 크게 다르지 않습니다.

케-사츠니 요리마스또 警察によりますと

> 경찰에 따르면

벵고가와와 무자이오 슈쵸-시떼이마스

弁護側は無罪を主張しています

> 변호인 측은 무죄를 주장하고 있습니다

일본어 공부를 시작하면 먼저 스마트폰에 일본어 정도는 입력할 수 있도록 해두는 게 좋습니다. 일본어 입력 어플을 찾아서 설치하면 되는데요. 찾아보고 싶은 어플도 일본어로 검색해보고, 인스타나 트위터에서도 필요한 정보를 일본어로도 찾아보는 게 좋습니다. 효율적인 일본어 학습을 위한 첫걸음이 되겠죠.

부록

『데끼르 데끼르 니홍고』
주요 단어 모음

1장. 어! 이것도 일본어였어?

①

俺(おれ)	나(남자들이 쓰는 표현)
あなた	너, 당신
親(おや)	부모
やくざ	일본의 조직폭력배
親分(おやぶん)	두목, 우두머리
われわれ	우리들
親父(おやじ)	아버지

②

ここ	여기
じゃない	~이 아니다(~ではない의 줄임말)

③

お客さん(おきゃくさん)	손님
お客さま(おきゃくさま)	손님을 높여 부르는 말
怖い(こわい)	무섭다
ドリンク	드링크, 음료
注意(ちゅうい)	주의

④

居酒屋(いざかや)	이자카야, 선술집
ウェブ	웹
デジタル	디지털
春(はる)	봄
お得(おとく)	이득, 할인, 세일

⑤

ラーメン	라면
オタク	오타쿠
信者(しんじゃ)	신자, 신도
男(おとこ)	남자

⑥

特別(とくべつ)	특별
攻撃(こうげき)	공격
神風(かみかぜ)	카미카제
特攻隊員(とっこうたいいん)	특공대원
募集(ぼしゅう)	모집
最後(さいご)	최후

⑦

分かる(わかる)	알다
系(けい)	~계
女子(じょし)	여자
女性(じょせい)	여성
落とす(おとす)	떨어뜨리다, 놓치다
方(かた)	~하는 법

⑧

診断(しんだん)	진단
犬(いぬ)	강아지
猫(ねこ)	고양이
女(おんな)	여자
好き(すき)	좋아함

三つ(みっ)	3개
タイプ	타입
思春期(ししゅんき)	사춘기
ボーイ	보이, 소년

⑨

きれい	예쁨, 아름다움
パチンコ	파친코
店(てん・みせ)	가게
出会い(であい)	만남
サイト	사이트
見分ける(みわける)	구분하다
こいつ	이놈, 이 녀석
かも	~일지도

⑩

醤油(しょうゆ)	간장
塩(しお)	소금
味噌(みそ)	된장
夕飯(ゆうはん)	저녁
おかず	반찬
レシピ	레시피
告白(こくはく)	고백
好み(このみ)	취향

⑪

裏返し(うらがえし)	뒤집음, 뒤집혀 있음
チャンス	찬스
いつか	언젠가
たい	~하고 싶다
靴下(くつした)	양말

⑫

まだ	아직
僕(ぼく)	나
永遠(えいえん)	영원

⑬

おじさん	아저씨
工事現場(こうじげんば)	공사현장

⑭

電車(でんしゃ)	전철
自転車(じてんしゃ)	자전거
列車(れっしゃ)	열차
車椅子(くるまいす)	휠체어
無償(むしょう)	무상
レンタル	대여, 렌털
欲しい(ほしい)	갖고 싶다, ~하고 싶다

⑮

故障(こしょう)	고장
援助交際(えんじょこうさい)	원조교제
バイク	바이크, 오토바이

⑯

メールボックス	메일함(박스)
ガソリン	가솔린
お願い(おねがい)	부탁
ニンニク	마늘

⑰

ちょっと	조금
ください	주세요, 주십시오
山(やま)	산
写真(しゃしん)	사진
撮る(とる)	찍다

⑱

問題ない(もんだいない)	문제없다
大丈夫(だいじょうぶ)	괜찮다
発車(はっしゃ)	발차
結果(けっか)	결과

⑲

タイヤ	타이어
勉強(べんきょう)	공부
頭(あたま)	머리

⑳

お金(おかね)	돈
時間(じかん)	시간

ありがとう	고마워, 고맙다
どういたしまして	천만에요

㉑

白い(しろい)	하얗다
ワンピース	원피스
穴(あな)	구멍

㉒

クリスマスツリー	크리스마스트리
キラキラ	반짝반짝
新しい(あたらしい)	새롭다
チュウ	쥐가 우는 소리

㉓

気持(きもち)	기분
立つ(たつ)	서다
座る(すわる)	앉다

㉔

揃う(そろう)	모이다
売れる(うれる)	팔리다
立てる(たてる)	세우다
作る(つくる)	만들다
直す(なおす)	고치다
広い(ひろい)	넓다
無し(なし)	없음

㉕

テレビ	텔레비전
放送(ほうそう)	방송
孤独のグルメ(こどくのグルメ)	고독한 미식가
	(테레비도쿄에서 방영한 드라마 제목)
日曜(にちよう)	일요일. 日曜처럼 요일을
	말할 때 뒤의 일(日)은 생략하기도 함
ドラマ	드라마

㉖

タバコ	담배
ボス	보스, 우두머리
空吹かし(からぶかし)	공회전

やめる	그만두다, 중지하다

㉗

島国(しまぐに)	섬나라
大陸(たいりく)	대륙
半島(はんとう)	반도
焼き(やく)	태우다
焼き肉(やきにく)	구운 고기, 불고기
ある	있다(사물의 경우. 사람, 동물일 때는 いる)

㉘

お通し(おとおし)	손님이 주문한 요리가
	나오기 전에 내는 간단한 음식
一人(ひとり)	혼자
円(えん)	엔
美味しい(おいしい)	맛있다

㉙

切る(きる)	자르다, 베다
腹(はら)	배
定食(ていしょく)	정식
マグロ	참치
盛り合わせ(もりあわせ)	모듬

㉚

割前勘定(わりまえかんじょう)	더치페이
彼氏(かれし)	그, 남자친구
秒(びょう)	초
できる	할 수 있다. 생기다
アプリ	애플리케이션
私(わたし)	나
払う(はらう)	지불하다

㉛

マナー	매너
高級(こうきゅう)	고급

㉜

レモン	레몬
レモネード	레모네이드
もらう	받다

㉝	
走る(はしる)	달리다
入り(いり)	들어감
寿司(すし)	스시
抜き(ぬき)	뺌

㉞	
揚げ(あげ)	튀김
天丼(てんどん)	튀김 덮밥
海老(えび)	새우
烏賊(いか)	오징어
野菜(やさい)	야채
そば	소바
専門店(せんもんてん)	전문점

㉟	
昼(ひる)	낮, 점심
弁当屋(べんとうや)	도시락 가게
男子(だんし)	남자
手作り(てづくり)	수제
駅弁(えきべん)	기차역에서 파는 도시락
空(そら)	하늘
球(たま)	야구나 탁구 따위의 공
早い(はやい)	빠르다
おすすめ	추천
今日(きょう)	오늘
食べる(たべる)	먹다

㊱	
鍋料理(なべりょうり)	냄비요리
番(ばん)	순서, 차례
冬(ふゆ)	겨울
当店(とうてん)	당점, 이 가게
自慢(じまん)	자랑

㊲	
お正月(おしょうがつ)	정월
休み(やすみ)	휴식, 휴가, 방학
夏(なつ)	여름
ステンレス	스테인리스

㊳	
スマート	스마트
キー	키
ロック	자물쇠, 열쇠(lock)
恋愛(れんあい)	연애
成功(せいこう)	성공
ホテル	호텔
ない	없다

㊴	
伸びる(のびる)	자라다, 펴지다, 발전하다
用(よう)	~용
日本製(にほんせい)	일본제

㊵	
台風(たいふう)	태풍
悪い(わるい)	나쁘다, 좋지 않다
この	이
危ない(あぶない)	위험하다

㊶	
つく	(상처 등이) 나다
傷物(きずもの)	흠이나 결함이 있는 물건
心(こころ)	마음

㊷	
中古品(ちゅうこひん)	중고품
入荷(にゅうか)	입하
これ	이것

㊸	
りんご	사과
政治(せいじ)	정치
肉(にく)	고기

㊹	
無い物(ないもの)	없는 것
いつだって	언제나
ばっか	ばかり(~뿐, ~만)의 회화체
子供(こども)	어린이
みたい	~같다

君(きみ)	너
だって	~도 또한
何(なに)	무엇
教える(おしえる)	가르치다

㊺

友だち(ともだち)	친구
夫婦(ふうふ)	부부
人(ひと)	사람
長い(ながい)	길다
道(みち)	길
キーボード	키보드

㊻

美しい(うつくしい)	아름답다
ジャケット	재킷
メンタル	mental, 정신적인, 마음의

㊼

お腹(おなか)	배
一緒に(いっしょに)	함께
飲む(のむ)	마시다
では	그럼, 그렇다면
だけ	~뿐, ~만
どうですか	어때요? 어떻습니까?

㊽

財布(さいふ)	지갑
ポケット	포켓, 주머니

㊾

教育(きょういく)	교육
世代(せだい)	세대
持つ(もつ)	갖다
余裕(よゆう)	여유
融通(ゆうずう)	융통
利く(きく)	가능하다, 통하다

㊿

小皿 (こざら)	작은 접시, 앞접시
一皿(ひとさら)	한 접시
灰皿(はいざら)	재떨이
皿洗い(さらあらい)	설거지, 설거지를 하는 사람
下げる(さげる)	물리다, 치우다
餃子(ギョウザ)	교자, 만두

(51)

紙コップ(かみコップ)	종이컵
コーヒー	커피
チョコ	초콜릿, チョコレート의 줄임말
カップケーキ	컵케이크
足りない(たりない)	부족하다

(52)

長袖(ながそで)	긴 소매
半(はん)	반
半袖(はんそで)	반소매
カーディガン	카디건
ワイシャツ	와이셔츠
もう	이제, 벌써, 조금 더
あつい	덥다

(53)

下着(したぎ)	속옷
半ズボン(はんズボン)	반바지
見せる(みせる)	보여주다

(54)

お祖母さん(おばあさん)	할머니
アイドル	아이돌
やっぱり	역시
楽(らく)	편하다

(56)

メンズ	남성용(men's)
ピンク	핑크
色(いろ)	색

(57)

銀行(ぎんこう)	은행
郵便局(ゆうびんきょく)	우체국
通帳(つうちょう)	통장

開設(かいせつ)	개설
開く(ひらく)	열다
口座番号(こうざばんごう)	계좌번호

58

準備(じゅんび)	준비
支度(したく)	준비, 채비
夜(よる)	밤
食事(しょくじ)	식사
仕事(しごと)	일

60

板前(いたまえ)	(일본요리) 요리사
任せ(まかせ)	맡김
メニュー	메뉴
挨拶(あいさつ)	인사
せりふ	대사
注文(ちゅうもん)	주문

TIP1

アニメ	아니메, 애니메이션
昭和(しょうわ)	쇼와, 일본 연호(1926~1989年)
年(ねん)	년
第二次世界大戦(だいにじせかいたいせん)	
	제2차 세계대전
敗戦(はいせん)	패전
高度(こうど)	고도
経済成長(けいざいせいちょう)	경제성장
末期(まっき)	말기
番組(ばんぐみ)	방송 프로그램
ご覧(ごらん)	보심
スポンサー	스폰서
提供(ていきょう)	제공
送る(おくる)	보내다

2장. 일본어야? 우리말이야?

1

女たち(おんなたち)	여자들
多い(おおい)	많다

いい	좋다
何時(なんじ)	몇 시
まで	까지

2

倶楽部(クラブ)	클럽
証明(しょうめい)	증명
誕生日(たんじょうび)	생일
パーティー	파티
記念(きねん)	기념

3

新婚(しんこん)	신혼
未婚(みこん)	미혼
既婚(きこん)	기혼
新婚旅行(しんこんりょこう)	신혼여행

4

時代(じだい)	시대
婚活(こんかつ)	결혼활동(結婚活動)의 준말
生活(せいかつ)	생활
独身主義(どくしんしゅぎ)	독신주의

5

家庭(かてい)	가정
家事(かじ)	가사, 집안일
家族旅行(かぞくりょこう)	가족여행
家庭教師(かていきょうし)	가정교사
家内(かない)	아내
終わる(おわる)	끝나다
家門(かもん)	가문
光栄(こうえい)	영광
家(うち・いえ)	집
掃除(そうじ)	청소
ごはん	밥

6

平気(へいき)	아무렇지도 않음, 태연함
全部(ぜんぶ)	전부
お酒(おさけ)	술
もっと	더, 한층

日本語(にほんご)	일본어	西(にし)	서쪽
		南(みなみ)	남쪽
⑦		北(きた)	북쪽
携帯(けいたい)	휴대. 휴대폰	中央(ちゅうおう)	중앙
充電器(じゅうでんき)	충전기	広場(ひろば)	광장
十分(じゅうぶん)	충분	すみません	미안합니다
体力(たいりょく)	체력	方向音痴(ほうこうおんち)	방향치
⑧		⑬	
お知らせ(おしらせ)	알림. 공지	絶対(ぜったい)	절대
超(ちょう)	초~, 뛰어난 모양		
超重要(ちょうじゅうよう)	초중요. 매우 중요함	⑭	
新メニュー(しんメニュー)	신메뉴	韓国語(かんこくご)	한국어
⑨		⑮	
それ	그것	満ちる(みちる)	차다, 충족되다
もの	것, 물건	足りる(たりる)	족하다, 충분하다
パソコン	컴퓨터	こと	일, 사항, 사건
レシート	영수증(receipt)	大満足(だいまんぞく)	대만족
⑩		⑯	
寿司屋(すしや)	스시 가게	ため	~을 위해, ~을 위한
帰る(かえる)	돌아가다	別に(べつに)	딱히, 별로
行く(いく)	가다		
生きる(いきる)	살다	⑰	
乗る(のる)	타다	どこ	어디
嘘(うそ)	거짓말	辺(へん)	근처, 부근
納豆(なっとう)	낫토	ラーメン屋(ラーメンや)	라면 가게
混ぜる(まぜる)	섞다	著名(ちょめい)	저명
		シェフ	셰프
⑪			
個人(こじん)	개인	⑱	
名前(なまえ)	이름	人気者(にんきもの)	인기인
住所(じゅうしょ)	주소	ランキング	랭킹
連絡先(れんらくさき)	연락처	イルミネーション	일루미네이션
携帯フォン(けいたいフォン)	휴대폰	国内ツアー(こくないツアー)	국내 투어
番号(ばんごう)	번호	東京(とうきょう)	도쿄
		お出かけ(おでかけ)	외출
⑫			
口(ぐち)	출입구	⑲	
東(ひがし)	동쪽	イケメン	미남

変(へん)	이상하다
ただ	보통, 그냥

⑳

映画(えいが)	영화
出入り禁止(でいりきんし)	출입금지

㉑

人間性(にんげんせい)	인간성
だめ	소용없음, 불가능, 안됨
人間関係(にんげんかんけい)	인간관계
下手(へた)	서투름

㉒

考える(かんがえる)	생각하다
国立(こくりつ)	국립
西洋(せいよう)	서양
現代(げんだい)	현대
博物館(はくぶつかん)	박물관
新宿区(しんじゅくく)	신주쿠 구
図書館(としょかん)	도서관
体育館(たいいくかん)	체육관
大使館(たいしかん)	대사관

㉓

一面(いちめん)	1면
トップ	톱
新聞紙(しんぶんし)	신문지
臭(におい)	냄새, 좋지 않은 냄새를 뜻하는 경우에는 쿠사이(くさい)로 발음
読む(よむ)	읽다

㉔

公衆電話(こうしゅうでんわ)	공중전화
携帯番号(けいたいばんごう)	휴대폰 번호
後(あと)	나중, 이후

㉕

消す(けす)	끄다
電線(でんせん)	전선
電子(でんし)	전자

スイッチ	스위치
電器屋(でんきや)	가전제품점
電気街(でんきがい)	전기 거리
漫画(まんが)	만화
電気自動車(でんきじどうしゃ)	전기자동차
コーナー	코너
つける	켜다

㉖

一期一会(いちごいちえ)	일생에 단 한 번의 만남(기회)
茶道(ちゃどう)	다도
お茶会(おちゃかい)	차모임
今度(こんど)	이번, 다음
お茶漬け(おちゃづけ)	오차즈케, 녹차에 말아 먹는 밥
梅干し(うめぼし)	매실절임
コンビニ	편의점
おにぎり	주먹밥

㉗

待ち合わせ(まちあわせ)	만나는 약속
少し(すこし)	조금
待つ(まつ)	기다리다
すぐ	곧
来る(くる)	오다
はず	당연히 ～할 것
ホーム	홈, 플랫폼
そんなに	그렇게
いつ	언제
場所(ばしょ)	장소

㉘

到着(とうちゃく)	도착

㉙

一番(いちばん)	1번, 가장
近い(ちかい)	가까운
花見(はなみ)	꽃구경, 꽃놀이

帰り(かえり)	돌아감, 돌아가는 길
故郷(こきょう)	고향
歩行者(ほこうしゃ)	보행자
優先(ゆうせん)	우선

㊷

助ける(たすける)	돕다, 구조하다
詐欺(さぎ)	사기
万引き(まんびき)	물건을 사는 체하고 훔침
置き引き(おきびき)	놓여진 물건을 훔쳐가거나
	자기 것과 바꿔치기해서 훔쳐 감
事故(じこ)	사고
殺人(さつじん)	살인

㊸

外事(がいじ)	외사
時効(じこう)	시효
お巡り(おまわり)	순경, 경찰
交番(こうばん)	파출소
巡査(じゅんさ)	순경, 경찰
巡回(じゅんかい)	순회
察回り(さつまわり)	기자가 정보를 얻기 위해
	경찰서 등을 도는 일
やさしい	친절한
警察署(けいさつしょ)	경찰서

㊹

青信号(あおしんごう)	파란불
赤信号(あかしんごう)	빨간불
緑(みどり)	녹색
赤(あか)	빨강
青(あお)	파랑
黒(くろ)	검정
白(しろ)	하양
無視(むし)	무시
交差点(こうさてん)	교차로

㊺

国際(こくさい)	국제
国際線(こくさいせん)	국제선
国内線(こくないせん)	국내선

免許証(めんきょしょう)	면허증
無免許(むめんきょ)	무면허
学生証(がくせいしょう)	학생증

㊻

過去(かこ)	과거
現在(げんざい)	현재
から	~로 부터
へ	~에, ~으로
天気(てんき)	날씨

㊼

帝国(ていこく)	제국
米国(べいこく)	미국
東京都民(とうきょうとみん)	도쿄에 사는 사람
区民(くみん)	구민
投票(とうひょう)	투표
センター	센터
市民(しみん)	시민
皆さん(みなさん)	여러분

㊽

専門(せんもん)	전문
専攻(せんこう)	전공
素人(しろうと)	아마추어
玄人(くろうと)	숙련자, 전문가
日本料理(にほんりょうり)	일본요리
プロ	프로

㊾

洗濯物(せんたくもの)	빨랫감
洗濯機(せんたくき)	세탁기
洗う(あらう)	씻다, 빨다
手(て)	손
布団(ふとん)	이불
洗い(あらい)	빨래, 씻음

㊿

どうしよう	어떡하지
選択障害(せんたくしょうがい)	선택장애
起きる(おきる)	일어나다

選ぶ(えらぶ)	고르다, 선택하다
早く(はやく)	빨리

51

毎朝(まいあさ)	매일 아침
毎晩(まいばん)	매일 밤
ジョギング	조깅

52

英会話(えいかいわ)	영어회화
子育て(こそだて)	육아
言語(げんご)	언어
国語(こくご)	국어
中国語(ちゅうごくご)	중국어
フランス語(ふらんすご)	프랑스어
ドイツ語(どいつご)	독일어
単語(たんご)	단어
語彙(ごい)	어휘

53

和算(わさん)	에도시대 일본에서 발달한 수학
和菓子(わがし)	일본 전통과자
和風(わふう)	일본풍
洋算(ようざん)	서양수학
算数(さんすう)	산수
科学(かがく)	과학
音楽(おんがく)	음악
大学(だいがく)	대학
学生(がくせい)	학생

54

質問(しつもん)	질문
呼ぶ(よぶ)	부르다

55

不足(ふそく)	부족
運動会(うんどうかい)	운동회
運動神経(うんどうしんけい)	운동신경
部屋(へや)	방
ゴロゴロ	빈둥빈둥
明日(あした)	내일

56

柔道(じゅうどう)	유도
空手(からて)	가라테
試合(しあい)	경기, 시합
選手権(せんしゅけん)	선수권
大会(たいかい)	대회
勝負(しょうぶ)	승부

57

勝ち(かち)	승리
安打(あんだ)	안타
満塁ホームラン(まんるいホームラン)	만루 홈런
選手(せんしゅ)	선수
野球場(やきゅうじょう)	야구장
めぐり	돌기, 순회
阪神甲子園球場(はんしんこうしえんきゅうじょう)	
	한신 코시엔 구장
東京ドーム(とうきょうドーム)	도쿄돔
ボールボーイ	볼보이
ボールガール	볼걸

58

頑張って(がんばって)	힘내, 힘내요.
	위로하거나 격려할 때 하는 말
頑張ります(がんばります)	힘낼게요
能力(のうりょく)	능력
協力(きょうりょく)	협력
実力(じつりょく)	실력
超能力(ちょうのうりょく)	초능력

59

すっきり	상쾌한, 산뜻한
遅刻(ちこく)	지각
今(いま)	지금

60

階段(かいだん)	계단
地獄(じごく)	지옥
会社(かいしゃ)	회사

61		
緊急(きんきゅう)		긴급
速報(そくほう)		속보
発表(はっぴょう)		발표
される		~되다
震源(しんげん)		진원
震度(しんど)		진도
大国(たいこく)		대국
強い(つよい)		강한
発生(はっせい)		발생
津波(つなみ)		쓰나미
心配(しんぱい)		걱정, 우려

62		
彼女(かのじょ)		그녀, 여자친구
問題(もんだい)		문제
自分自身(じぶんじしん)		자기자신
自分(じぶん)		자기(스스로)
自己(じこ)		자기
自己中(じこちゅう)		자기중심적.
自己中心的(じこちゅうしんてき)의 줄임말		
自己満足(じこまんぞく)		자기만족. 줄여서
自己満(じこまん)이라고 함		
管理(かんり)		관리
アピール		어필
責任(せきにん)		책임
自己紹介(じこしょうかい)		자기소개

63		
レシピ		레시피
超簡単(ちょうかんたん)		초간단
初心者(しょしんしゃ)		초보자

64		
不便(ふべん)		불편
便利屋(べんりや)		심부름 센터
いろいろ		여러 가지, 가지각색

TIP2		
企業(きぎょう)		기업
大手企業(おおてきぎょう)		대기업

町(ちょう・まち)		마을, 동네
橋(はし)		다리
眼鏡(めがね)		안경

3장. 영어도 일본식으로 읽으면 일본어가 된다?

1		
飲み物(のみもの)		음료수, 마실 것
ウーロン茶(ウーロンちゃ)		우롱차
紅茶(こうちゃ)		홍차

2		
白ワイン(しろワイン)		화이트와인
赤ワイン(あかワイン)		레드와인
飲み放題(のみほうだい)		음료 무제한

3		
別腹(べつばら)		다른 배
王国(おうこく)		왕국

4		
砂糖(さとう)		설탕

5		
タンブラー		텀블러
日本限定(にほんげんてい)		일본 한정

6		
メロンパン		메론빵
クリームパン		크림빵
パン屋(パンや)		빵집
匂い(におい)		냄새, 향기

7		
米(こめ)		쌀
御飯(ごはん)		밥
朝(あさ)		아침
晩(ばん)		저녁
サービス		서비스

⑧

| 豚(とん・ぶた) | 돼지 |
| ソース(ソース) | 소스 |

⑨

| 可能(かのう) | 가능 |
| 使う(つかう) | 사용하다 |

⑩

優勝(ゆうしょう)	우승
成立(せいりつ)	성립
美男美女(びなんびじょ)	미남미녀

⑪

ネット	인터넷
買い物(かいもの)	쇼핑
買い物袋(かいものぶくろ)	쇼핑백

⑫

百貨店(ひゃっかてん)	백화점
化粧品(けしょうひん)	화장품
大きい(おおきい)	크다

⑬

お土産(おみやげ)	선물, 기념품, 토산물
贈り物(おくりもの)	선물
誕生日(たんじょうび)	생일
ギフト券(ギフトけん)	선물권
空港(くうこう)	공항

⑭

福袋(ふくぶくろ)	복주머니
年末(ねんまつ)	연말
割引(わりびき)	할인
現金(げんきん)	현금
半額(はんがく)	반액

⑮

| チェーン | 체인 |

⑯

夜(よる)	저녁(식사)
コンビニ弁当(こんびにべんとう)	편의점 도시락
セブンイレ	세븐일레븐
	(セブンイレブンの줄임말)
新発売(しんはつばい)	신발매
ティラミス	티라미스
ファミマ	패밀리마트
	(ファミリーマートの줄임말)

⑰

電子レンジ(でんしレンジ)	전자레인지
暖める(あたためる)	데우다, 따뜻하게 하다
はい	네, 응

⑱

| ネクタイ | 넥타이 |
| コインポケット | 동전 주머니 |

⑲

ジャケット	재킷
コート	코트
シューズ	신발

⑳

耳飾り(みみかざり)	귀걸이
首飾り(くびかざり)	목걸이
腕(うで)	팔
輪(わ)	고리, 원형
腕輪(うでわ)	팔찌
指(ゆび)	손가락
指輪(ゆびわ)	반지
真珠(しんじゅ)	진주
ウエディング	웨딩

㉑

電池(でんち)	전지
ボタン穴(ボタンあな)	단춧구멍
真ん中(まんなか)	한가운데
スマホ	스마트폰. スマートフォンの줄임말
ホームボタン	홈 버튼

落ちる(おちる)	떨어지다

㉒

フルーツ	과일
シーフード	시푸드, 해산물
イタリアンパスタ	이탈리언 파스타

㉓

コスプレイヤー	코스튬 플레이어

㉔

選抜(せんばつ)	선발
総選挙(そうせんきょ)	총선거
韓流(かんりゅう)	한류
男性(だんせい)	남성
グループ	그룹

㉕

鉄腕(てつわん)	무쇠팔
大人向け(おとなむけ)	어른(성인)용

㉖

空想(くうそう)	공상
ゲーム	게임
お前(おまえ)	너
違う(ちがう)	다르다

㉗

始めまして(はじめまして)	처음 뵙겠습니다
ご主人様(ごしゅじんさま)	주인님
ネコミミ	고양이 귀
喫茶(きっさ)	카페, 차를 마심
水曜(すいよう)	수요일
担当(たんとう)	담당
本日(ほんじつ)	오늘

㉘

老眼(ろうがん)	노안
アップル	애플
アイフォーン	아이폰
サムスン	삼성

ギャラクシー	갤럭시
画面(がめん)	화면
スマホ用(スマホよう)	스마트폰용
タッチペン	터치펜

㉙

高性能(こうせいのう)	고성능
バック	백, 가방

㉚

個室(こしつ)	개인실
難民(なんみん)	난민
中毒(ちゅうどく)	중독
調べる(しらべる)	조사하다
泊まる(とまる)	숙박하다, 머물다

㉛

電源(でんげん)	전원
完備(かんび)	완비
パスワード	패스워드, 비밀번호

㉜

相互(そうご)	상호
公式(こうしき)	공식
ツイッター(ツイッター)	트위터
フォロワー	팔로워
おはようございます	좋은 아침입니다(아침 인사)

㉝

夜行(やこう)	야행
往復(おうふく)	왕복
バス代(ばすだい)	버스 요금
駅前(えきまえ)	역 앞
バス停(ばすてい)	버스정류장
のりば	타는 곳, 승강장

㉞

東京タワー(とうきょうタワー)	도쿄타워
派(は)	~파
スカイツリー	스카이트리
平和(へいわ)	평화

宇宙(うちゅう)	우주	億(おく)	억
塔(とう)	탑	崩壊(ほうかい)	붕괴
シンボル	심볼, 상징	ピーク	피크, 정점
展望台(てんぼうだい)	전망대		

㉟

古い(ふるい)	낡은, 오래된
女性専用(じょせいせんよう)	여성 전용

㊸

肩(かた)	어깨
感じ(かんじ)	느낌

㊱

温度(おんど)	온도
クリーニング	세탁, 청소

4장. 당황하지 말고 자연스럽게 말해보기

㊲

ジャズ喫茶(ジャズきっさ)	재즈 카페
バンド	밴드
フェスティバル	페스티벌
会話(かいわ)	대화

①

何名(なんめい)	몇 분
一人(ひとり)	한 명
二人(ふたり)	두 명
三人(さんにん)	세 명
四人(よにん)	네 명
五人(ごにん)	다섯 명
和語(わご)	일본 고유의 말
一つ(ひとつ)	한 개
二つ(ふたつ)	두 개
三つ(みっつ)	세 개
四つ(よっつ)	네 개
五つ(いつつ)	다섯 개
カウンター席(カウンターせき)	카운터 좌석
お座敷(おざしき)	좌식(다다미방)
よろしい	좋다
席(せき)	자리, 좌석
便所飯(べんじょめし)	변소밥
一人ぼっち(ひとりぼっち)	외톨이
水(みず)	물
生ビール(なまビール)	생맥주
生クリーム(なまクリーム)	생크림
生放送(なまほうそう)	생방송
一杯(いっぱい)	한 잔
二杯(にはい)	두 잔
三杯(さんばい)	세 잔
四杯(よんはい)	네 잔
瓶ビール(びんビール)	병맥주
一本(いっぽん)	한 병
二本(にほん)	두 병

㊳

建物(たてもの)	건물
超高層(ちょうこうそう)	초고층
日本一(にほんいち)	일본 제일
高い(たかい)	높다, 비싸다

㊴

とても	매우
放題(ほうだい)	~을 마음껏 하다
食べ放題(たべほうだい)	음식 무제한
価格(かかく)	가격

㊵

歩き(あるき)	걸음, 도보
煙(けむり)	연기

㊶

30代(さんじゅうだい)	30대
ファッション	패션

㊷

経済(けいざい)	경제

三本(さんぼん)	세 병
乾杯(かんぱい)	건배
あれ	저것
どんな	어떤
料理(りょうり)	요리
テーブル	테이블
計算(けいさん)	계산, 셈
会計(かいけい)	회계, 계산
勘定(かんじょう)	감정, 계산

②

間もなく(まもなく)	이윽고, 머지않아
一番線(いちばんせん)	1번선
二番(にばん)	2번
三番(さんばん)	3번
路線(ろせん)	노선
直線(ちょくせん)	직선
曲線(きょくせん)	곡선
参ります(まいります)	옵니다
足元(あしもと)	발밑, 발 주변
手元(てもと)	손이 미치는 범위, 손 주변
お手元(おてもと)	젓가락
膝(ひざ)	무릎
腰(こし)	허리
胸元(むなもと)	가슴
次(つぎ)	다음
出口(でぐち)	출구
左側(ひだりがわ)	왼쪽
右側(みぎがわ)	오른쪽
降りる(おりる)	내리다
乗り換え(のりかえ)	환승
タクシー	택시
ソウル	서울
けど	그렇지만, けれども의 줄임말
え	네, 대답할 때나 놀랐을 때 내는 소리
飛行機(ひこうき)	비행기
より	~보다
なる	~이 되다
思う(おもう)	생각하다
それで	그걸로
領収書(りょうしゅうしょう)	영수증

送迎バス(そうげいバス)	송영버스
シャトルバス	셔틀버스
運行(うんこう)	운행
スケジュール	스케줄
利用(りよう)	이용
時刻表(じこくひょう)	시간표

③

地図(ちず)	지도
観光(かんこう)	관광
旅行(りょこう)	여행
ギャラリ	갤러리
歩く(あるく)	걷다
東京都庁(とうきょうとちょう)	도쿄도청
新幹線(しんかんせん)	신칸센
船(ふね)	배
何分(なんぷん)	몇 분
何時間(なんじかん)	몇 시간
何秒(なんびょう)	몇 초
何日(なんにち)	며칠
3分(さんぷん)	3분
5分(ごふん)	5분
10分(じゅっぷん)	10분
20分(にじゅっぷん)	20분
30分(さんじゅっぷん)	30분
1時間(いちじかん)	한 시간
2時間(にじかん)	두 시간
3時間(さんじかん)	세 시간
迷う(まよう)	헤매다
ずっと	계속
真っ直ぐ(まっすぐ)	반듯이
渡る(わたる)	건너다
小さい(ちいさい)	작다
曲がる(まがる)	돌다
その	그
隣(となり)	옆
後ろ(うしろ)	뒤
反対側(はんたいがわ)	반대편

④

| 予約(よやく) | 예약 |

客室(きゃくしつ)	객실	激うま(げきうま)	정말 맛있다
一泊(いっぱく)	1박	見る(みる)	보다
二泊(にはく)	2박	真面目(まじめ)	진지함, 성실
三泊(さんぱく)	3박	持てる(もてる)	인기 있다, 들 수 있다
四泊(よんはく)	4박	持つ(もつ)	들다, 가지다
喫煙(きつえん)	흡연	モテモテ	인기가 많음
喫煙者(きつえんしゃ)	흡연자	モテキ	인기가 많았던 시절
喫煙所(きつえんじょ)	흡연실	高校時代(こうこうじだい)	고교 시절
禁煙(きんえん)	금연	時期(じき)	시기
人口(じんこう)	인구	可愛い(かわいい)	귀엽다, 예쁘다
区域(くいき)	구역		
全面(ぜんめん)	전면금연		

5장. 유용한 표현은 모두 일드가 가르쳐줬어

①

喫煙室(きつえんしつ)	흡연실	うどん屋(うどんや)	우동 가게
禁煙室(きんえんしつ)	금연실	本屋(ほんや)	서점
喫煙席(きつえんせき)	흡연석	薬屋(くすりや)	약국
禁煙席(きんえんせき)	금연석	花屋(はなや)	꽃집
吸う(すう)	(담배를) 피우다,	豚汁(とんじる)	돼지고기 수프
	(공기 따위를) 들이마시다	味噌汁(みそしる)	미소시루
チェックイ	체크인	豚骨ラーメン(とんこつラーメン)	돈코츠 라면
荷物(にもつ)	짐	豚足(とんそく)	돼지 족발
預ける(あずける)	맡기다	鰹節(かつおぶし)	가다랑어포
チェックアウト	체크아웃	お好み焼き(おこのみやき)	오코노미야키
レイトチェックアウト	레이트 체크아웃	たこ焼き(たこやき)	타코야키
入室(にゅうしつ)	입실	出来立て(できたて)	갓 완성된 상태
退室(たいしつ)	퇴실	削り立て(けずりたて)	이제 막 깎은 것
朝食(ちょうしょく)	조식	焼き立て(やきたて)	이제 막 구운 것
昼食(ちゅうしょく)	중식	10秒(じゅうびょう)	10초
夕食(ゆうしょく)	석식	20秒(にじゅうびょう)	20초
付き(〜つき)	〜에 붙어 있음, 부속됨	30秒(さんじゅうびょう)	30초
和食(わしょく)	일식	風味(ふうみ)	풍미
洋食(ようしょく)	양식	一口(ひとくち)	한입
上(うえ)	위	七味(しちみ)	일곱 가지 맛
階(かい)	층	から揚げ(から揚げ)	카라아게
一階(いっかい)	1층	下味(したあじ)	밑간
二階(にかい)	2층	下仕事(したしごと)	밑작업, 사전 준비
三階(さんかい)	3층	生姜(しょうが)	생강
変える(かえる)	바꾸다	豚肉(ぶたにく)	돼지고기
眺め(ながめ)	풍경, 전망	牛肉(ぎゅうにく)	소고기

TIP4

うまい物 (うまいもの)	맛있는 것

一度(いちど)	한 번
二度(にど)	두 번
丼(どん)	덮밥
空き缶(あきかん)	빈 깡통
ドラム缶(ドラムかん)	드럼통
玉葱(たまねぎ)	양파
葱(ねぎ)	파
一人前(いちにんまえ)	1인분
二人前(ににんまえ)	2인분
三人前(さんにんまえ)	3인분
四人前(よにんまえ)	4인분
魚(さかな)	물고기, 생선
鳥肉(とりにく)	닭고기
鳥(とり)	새
小麦粉(こむぎこ)	밀가루
小麦(こむぎ)	밀
粉(こ)	가루, 분말
麦茶(むぎちゃ)	보리차
市販(しはん)	시판
ケーキ	케이크
ソーセージ	소시지
牛乳(ぎゅうにゅう)	우유
年越し(としこし)	해넘이
今年(ことし)	올해
年下(としした)	연하
年上(としうえ)	연상
打つ(うつ)	때리다
明ける(あける)	날이 밝다
雑煮(ぞうに)	떡국
深夜(しんや)	심야
食堂(しょくどう)	식당

②

正義(せいぎ)	정의
人生(じんせい)	인생
コンプリート	complete, 완료
アイテム	아이템
レストラン	레스토랑
取る(とる)	차지하다, 취하다
代理店(だいりてん)	대리점
広告(こうこく)	광고

保険(ほけん)	보험
広告マン(こうこくまん)	광고맨
おしゃれ	멋진, 세련된
超有名(ちょうゆうめい)	초유명
ブランドショップ	브랜드숍
セレブリティ	화려한 생활을 하는 사람
缶詰(かんづめ)	통조림
世界(せかい)	세계
一日(ついたち)	1일
二日(ふつか)	2일
三日(みっか)	3일
四日(よっか)	4일
一泊二日(いっぱくふつか)	1박 2일
二泊三日(にはくみっか)	2박 3일
三泊四日(さんぱくよっか)	3박 4일
週末(しゅうまつ)	주말
幸せ(しあわせ)	행복
条件(じょうけん)	조건
ありがたさ	고마움
図鑑(ずかん)	도감

③

就活(しゅうかつ)	취직활동(就職活動)의 줄임말
就職(しゅうしょく)	취직
活動(かつどう)	활동
首(くび)	해고, 목, 머리
派遣(はけん)	파견
契約社員(けいやくしゃいん)	계약사원
無職(むしょく)	무직
家事代行(かじだいこう)	가사대행
毎週(まいしゅう)	매주
金曜(きんよう)	금요일
時給(じきゅう)	시급
採用(さいよう)	채용
試験(しけん)	시험
暮らし(くらし)	생활
雇う(やとう)	고용하다
なら	그렇다면
一層(いっそう)	아예
契約結婚(けいやくけっこん)	계약결혼
お嬢さん(おじょうさん)	따님

娘(むすめ)	딸	香水(こうすい)	향수
恋人(こいびと)	연인	香り(かおり)	향기
友だち(ともだち)	친구	犯罪(はんざい)	범죄
関係(かんけい)	관계	芳香剤(ほうこうざい)	방향제
握手(あくしゅ)	악수	栄養剤(えいようざい)	영양제
体育(たいいく)	체육	薬剤師(やくざいし)	약사
月曜日(げつようび)	월요일	風呂(ふろ)	목욕
火曜日(かようび)	화요일	食事(しょくじ)	식사
水曜日(すいようび)	수요일	入る(はいる)	들어가다
木曜日(もくようび)	목요일	風呂に入る(ふろにはいる)	목욕을 하다
金曜日(きんようび)	금요일	先(さき)	먼저, 우선
土曜日(どようび)	토요일	職人(しょくにん)	장인
日曜日(にちようび)	일요일	飲み会(のみかい)	회식
味方(みかた)	자기 편	会席料理(かいせきりょうり)	가이세키 요리
味食家(みしょくか)	미식가	厨房(ちゅうぼう)	주방
味覚(みかく)	미각	24時間(にじゅうよじかん)	24시간
繋ぐ(つなぐ)	매다, 연결하다	日記(にっき)	일기
寝る(ねる)	자다		
前(まえ)	앞, ~하기 전	⑤	
逃げる(にげる)	도망치다	刑事(けいじ)	형사
恥(はじ)	부끄러움	弁護士(べんごし)	변호사
役に立つ(やくにたつ)	도움이 되다	刑事裁判(けいじさいばん)	형사재판
		民事裁判(みんじさいばん)	민사재판
④		犯人(はんにん)	범인
女将(おかみ)	여주인	真犯人(しんはんにん)	진범
老舗(しにせ)	전통 있는 가게	同一犯(どういっぱん)	동일범
旅館(りょかん)	료칸	犯罪(はんざい)	범죄
服(ふく)	옷	犯罪者(はんざいしゃ)	범죄자
着る(きる)	입다	中(なか)	안
着物(きもの)	기모노	いる(있다)	사람, 동물의 경우에 사용.
浴衣(ゆかた)	유카타		사물은 ある
タクシー代(タクシーだい)	택시 요금	容疑者(ようぎしゃ)	용의자
仲居(なかい)	료칸 등의 여종업원	献身(けんしん)	헌신
名物(めいぶつ)	명물	無罪(むざい)	무죄
花(はな)	꽃	無実(むじつ)	결백, 억울함
花火(はなび)	불꽃	事実(じじつ)	사실
生け花(いけばな)	꽃꽂이	証明(しょうめい)	증명
花道(かどう)	꽃꽂이의 도	特捜(とくそう) 특수. 특별수사(特別捜査)의 줄임말	
生花(せいか)	생화	特別捜査(とくべつそうさ)	특별수사
造花(ぞうか)	조화	検察(けんさつ)	검찰
香(こう)	향	検事(けんじ)	검사

検察庁(けんさつちょう)	검찰청
警察庁(けいさつちょう)	경찰청
東京地検特捜部(とうきょうちけんとくそうぶ)	
	도쿄지검특수부
捜査(そうさ)	수사
起訴(きそ)	기소
法律事務所(ほうりつじむしょ)	법률사무소
接見(せっけん)	접견
行ってきます(いってきます)	다녀오겠습니다
事故現場(じこげんば)	사고현장
検証(けんしょう)	검증
立証(りっしょう)	입증
決定的(けっていてき)	결정적
証拠(しょうこ)	증거
不十分(ふじゅうぶん)	불충분
目撃(もくげき)	목격
証言(しょうげん)	증언
防犯カメラ(ぼうはんカメラ)	방범카메라
角度(かくど)	각도
位置(いち)	위치
動機(どうき)	동기
依頼人(いらいにん)	의뢰인
利益(りえき)	이익
代理人(だいりにん)	대리인
有罪(ゆうざい)	유죄
起る(おこる)	일어나다, 발생하다

(TIP5)

一発(いっぱつ)	일발
動く(うごく)	움직이다
名言(めいげん)	명언
側(かわ)	~측, 옆
主張(しゅちょう)	주장

일러스트 불개미상회

'불개미커뮤니케이션'은 살고 싶은 도시 1위, 춘천의 유쾌한 디자인 회사입니다.
SNS 상에서 '불개미상회'라는 브랜드로 재미난 디자인상품 개발과 더불어, 한컷툰
'직장생활' 연재로 업무가 고달픈 직장인들의 열성적인 호응을 얻고 있습니다.

페이스북 | www.facebook.com/redant4

데끼르 데끼르 니홍고

초판 1쇄 인쇄 2018년 2월 21일
초판 1쇄 발행 2018년 3월 2일

지은이 지종익
펴낸이 연준혁

출판 2본부 이사 이진영
출판 3분사 분사장 오유미
책임편집 김지혜 디자인 풀밭의 여치
일러스트 불개미상회 감수 후카세 타카오

펴낸곳 (주)위즈덤하우스 미디어그룹 출판등록 2000년 5월 23일 제13-1071호
주소 경기도 고양시 일산동구 정발산로 43-20 센트럴프라자 6층
전화 031)936-4000 팩스 031)903-3891 홈페이지 www.wisdomhouse.co.kr

ⓒ 지종익, 2018
일러스트 ⓒ 불개미상회

값 16,800원
ISBN 979-11-6220-303-3 03730

이 도서의 국립중앙도서관 출판예정도서목록(CIP)은 서지정보유통지원시스템 홈페이지
(http://seoji.nl.go.kr)와 국가자료공동목록시스템(http://www.nl.go.kr/kolisnet)에서
이용하실 수 있습니다. (CIP제어번호 : CIP2018004259)